Egyptische
Mummies
en hun geheimen

Bob Tadema Sporry · Auke A. Tadema

Egyptische Mummies en hun geheimen

Fibula-Van Dishoeck · Haarlem

. . . dat ik er in het bezit moge zijn van uw offerveld; dat ik daar een ach *moge zijn, daar moge eten en drinken, ploegen en oogsten, dat ik daar moge beminnen en alle handelingen verrichten als op aarde.*

DODENBOEK hoofdstuk 110

Hoe triest is het afdalen in het land van de stilte. De waker slaapt en hij die 's nachts niet slapen kan ligt alle dagen onbeweeglijk terneer . . . Er is geen noordenwind om het hart te verkwikken. De zon gaat er niet op . . . Alleen zijn zij die in het westen zijn, en ellendig is hun bestaan. Men aarzelt om naar hen toe te gaan. Men kan niet vertellen hoe men het er gehad heeft, maar rust op die ene plaats in de duisternis.

graf van NEFER-SECHEROE
Kom el-Achmar

Op voorzijde omslag: mummiekop van Nebera, *'hoofd van de huishouding'. 18de dynastie, Biban el-Harim. Egyptisch Museum, Turijn.*

Op achterzijde omslag: afbeelding uit het graf van Païri, *in Qoernah, Thebe-West. In het midden het dodenschip met de schrijn, waarin de mummie. Erachter wordt grafmeubilair meegedragen. Onderaan: herrijzenisceremonieën met beelden van de dode.*

Afbeelding pagina 1: het brengen van grafgaven; *dienaren dragen een paar oesjebti's en een mummiemasker. Tijd van Amenhotep II, graf van Senoefer, Thebe-West.*

Afbeelding pagina 3: zielevogel *ba* en *ka. De ka van de dode staat voor de deur van zijn graf; de zielevogel fladdert er links van. Uit het graf van Iri-noefer in Deir el-Medina, Thebe-West.*

ISBN 90 228 3354 2

© 1981 Unieboek b.v., Bussum
Omslagontwerp en layout: Arie van Rijn
Gezet bij Euroset b.v., Amsterdam
Druk- en bindwerk: De Boer Cuperus, Utrecht

Voor alle kwesties inzake het kopiëren van één of meer pagina's uit deze uitgave: Stichting Reprorecht, Overschiestraat 55, 1062 HN Amsterdam

Verspreiding voor België: Unieboek b.v., p/a Standaardboekhandel, Belgiëlei 147A, 2000 Antwerpen

Inhoud

Woord vooraf

Waarom een boek over mummies?

Niet alleen omdat mummies – en hun geheimen! – altijd sterk tot de mensen hebben gesproken, maar vooral omdat ze een bewijs zijn dat er eens, lang geleden, een samenleving heeft bestaan die het leven kennelijk als zó aangenaam ervoer dat men er alles voor over had om het 'tweede leven' veilig te stellen en het zo 'eeuwig' te maken als maar enigszins mogelijk was, opdat niet het grootste schrikbeeld: een 'tweede dood' in het hiernamaals, de mens zou overvallen.

Wie 'mummie' zegt denkt natuurlijk in de eerste plaats aan het oude Egypte en pas later aan andere landen: Peru, China. Maar daar ligt nu het grote verschil: in die laatste landen was het balsemen een elitaire aangelegenheid. Dat was het oorspronkelijk ook in Egypte, waar eerst alleen de koning gemummificeerd mocht worden, al kon hij een dergelijke behandeling van iemands dode lichaam een heel enkele keer als een uitermate kostbaar geschenk aan een gunsteling doen toekomen. Maar in de loop der eeuwen kwam er toch een 'democratiseringsproces' op gang, dat de mummificatie gewenst deed worden voor iedereen, mits men daarvoor het geld bezat. Liefst natuurlijk heel veel geld – dat de familie naar het schijnt altijd wel betaald heeft. Omdat er van hen niet anders verwacht werd, maar ook omdat men hoopte dat de eigen nakomelingen het op de daartoe geëigende tijd zouden spenderen. Wie maar heel weinig of zelfs helemaal geen geld had, hoefde toch niet bang te zijn. Voorzien van een aardewerk bord met wat eten, een kruik bier of water of melk, een stuk linnen om het dode lichaam in te wikkelen en een mat om erover heen te leggen, werd de kuil in het hete woestijnzand een veilig graf, waarin – dat is dan wel de ironie van de natuur – het lichaam tot een natuurlijke mummie werd, die meestal veel houdbaarder bleek dan één die met grote onkosten en eindeloze zorg gemaakt was door de balsempriesters.

Het unieke van de oud-Egyptische beschaving is het feit dat een hele samenleving, die duizenden jaren bestond en werd vereeuwigd voor het hiernamaals, een bron bleek voor onze kennis betreffende die cultuur. De mensen en hun hele leefomgeving, hun vee en gevogelte, hun wapens en muziekinstrumenten, spelletjes en kleren, eten en drinken, sleden en wagens: het werd alles voor het tweede leven meegenomen en opgeslagen in het graf, dat met zijn magische spreuken, gebeden, rituele afbeeldingen en vaak ook die van het leven van alledag nog eens extra zekerheid bood. Lievelingsdieren en heilige dieren kregen hun eigen balseming, hun sarcofaag en grafuitrusting, en stonden de dode op te wachten of voegden zich later bij hem als het hun beurt was om over te gaan naar dat tweede leven.

Mummies hebben de mensen gefascineerd van de vroegste tijden af. De Grieken en Romeinen verbaasden zich er over en vooral de laatsten waren erin geïnteresseerd. Keizerin Poppaea wenste zelfs in al haar schoonheid gebalsemd te worden 'op Egyptische wijze'. De eerste christenen lieten zich nog allemaal balsemen. Eerst de komst van de islam maakte er rigoureus een einde aan. Ook in onze tijd blijkt de mummie nog altijd 'in' te zijn. Er wordt nog steeds *mummia* ingenomen in Angelsaksische landen in de hoop op, ja op wat? . . . De vloek van de farao blijkt niet uit te roeien te zijn; besloten en heel geheime verenigingen volvoeren nog altijd 'Egyptische riten' waarom de *echte* Egyptenaren zich slap gelachen zouden hebben. En wat films en romans betreft: die zijn er genoeg, al munten ze meestal meer uit door fantasie van de schrijver dan door zijn kennis van zaken.

Mummies zijn te vinden in een groot deel van de westerse wereld. Er bestaan grote collecties in musea en ook particuliere. Iedereen kan ze nu bekijken en zich verbazen over het bijna ongelooflijke feit dat je ineens van aangezicht tot aangezicht staat met een mens die duizenden jaren geleden leefde. En of het nu de mummie van een koning betreft of dat kleine vijfjarige jongetje in het museum van Leiden, dat bloot en wel sinds 1612 de kijkers in verbazing brengt met zijn gezichtje dat er nog precies uitziet als toen hij deze wereld verliet voor zijn tweede leven, het betreft hier *mensen*

De mummie wordt verzorgd *door een priester met een Anoebis-masker. Wandschildering in het graf van Anhorkhawi, ca. 1150 v. Chr.*

die waren als wij, die leefden als wij en die veel van het leven verwachtten.
Iedere mummie is een uiting van hoop op een tweede leven. Heel wat arme mummies zijn dat tweede leven niet deelachtig geworden, omdat ze ten prooi vielen aan gewetenloze grafrovers, die al hun bezit en henzelf vernietigden op zoek naar schatten. Het is wat dat betreft een rustig idee dat in ieder geval de mummies in Europa en Amerika veilig zijn, omdat er zó goed voor hen gezorgd wordt dat zelfs een 'beschimmelde farao' weer volledig schoongemaakt werd.

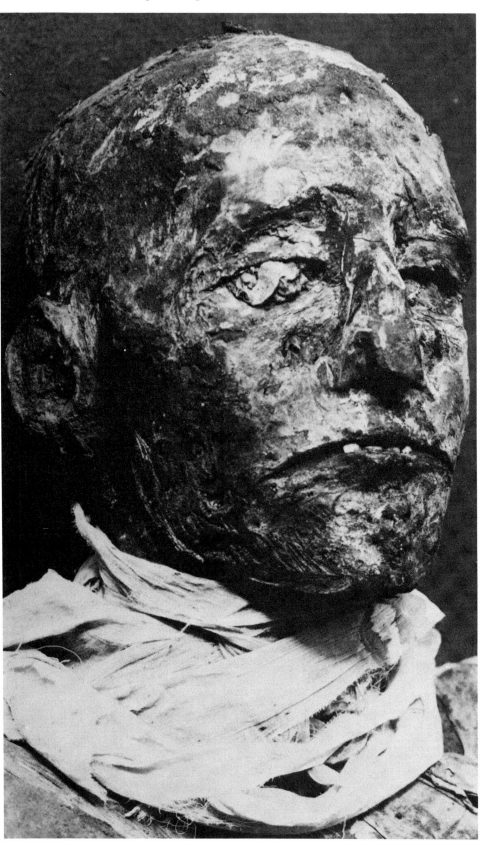

De goed bewaard gebleven mummie van farao Ramses III *heeft model gestaan voor talrijke griezelfilms. Mede door een dergelijk misbruik is de mythe van 'de vloek van de farao' nog altijd moeilijk te bestrijden.*

Zijn mummies gevaarlijke griezels?

Zo rond de jaren dertig van deze eeuw werden er vooral in Hollywood talrijke films vervaardigd waarin mummies – en dan bij voorkeur die van farao's – de hoofdrol vervulden van Bandiet Nummer Eén. Niets was deze wezens te erg. Rond het middernachtelijk uur verrezen zij uit hun stenen sarcofagen en bewogen zich met glijdende passen en geniepige blikken door huiveringwekkende kastelen en enge musea vol stapelgekke conservatoren, waarbij ze hun losgewoelde windsels achter zich aan sleepten. En omdat men een bestaand voorbeeld voor dergelijke mummies nodig had koos men die van farao Ramses III.

Deels dank zij deze films hebben de mummies van Egypte een kwalijke reputatie gekregen. In de loop van vele jaren ontstond zo een waar arsenaal van mummieverhalen, meestal uit de duim gezogen, soms berustend op bizarre waarheid. Eén zo'n verhaal dat alle mogelijkheden van een goede thriller in zich bergt, is dat van de beroemde archeoloog Emery, die te Sakkara vele graven opgroef, waarbij nogal wat mummies tevoorschijn kwamen. Deze placht hij neer te leggen op planken op schragen en zo kon hij ze dan in de gaten houden. Op een avond zat Emery rustig in zijn tent te lezen bij een olielamp, toen hij buiten een licht gerucht hoorde. Hij keek op en moet daarna wel versteend van schrik zijn blijven zitten. Hij had de flappen van zijn tent losgemaakt, maar niet vastgeregen, en opeens zag hij daar de hand van een mummie verschijnen, die een van de tentflappen langzaam opzij trok... Toen er verder niets gebeurde, stond Emery, die een verstandig mens was, op en keek om de hoek. Naast de tent was een schraag in het mulle zand weggezakt. De mummie op de planken was gaan glijden, waarbij de hand met de gebogen vingers in de tentflap was

Prehistorische, zogenaamde natuurlijke mummie. *Uit Djebelein. Het lichaam werd in het hete woestijnzand volkomen uitgedroogd. Egyptisch Museum in Turijn.*

gehaakt en deze had opengetrokken. Niets bijzonders dus. Een doodgewone gebeurtenis, maar toch wel geschikt om na te vertellen.

Verhalen als dit, door de pers tot enorme proporties opgeblazen, zijn er de oorzaak van dat de mummies van Egypte, de vaak min of meer levensechte resten van wat eens in doorsnee brave mensen zijn geweest, nu zitten opgescheept met mystieke krachten, boosaardige inborsten, wraakgierige gedachten en zo meer.

In Egypte, waar een grote beschaving duizenden jaren ver terugreikt tot in de prehistorie, is het wel logisch dat de overblijfselen van die beschaving nog altijd het moderne leven beroeren. Mummies zijn er allerminst zeldzaam. Het gloeiendhete woestijnzand heeft ontelbare mensen zo perfect geconserveerd dat de wetenschap er nu allerlei wetenswaardigheden aan kan ontlenen: toestand van het gebit, ziekte, doodsoorzaak, bloedgroepen.

Dat men daarnaast van moderne mummies economisch profijt kan trekken ligt haast voor de hand – vooral waar er toeristen zijn die als heel bijzonder reissouvenir een mummie mee terug willen brengen, een wat Amerikanen zo typerend *conversation*

Prehistorische natuurlijke mummie.

piece noemen, gespreksstof voor als je niets anders te vertellen hebt. Dat verlangen koesterde ook een Amerikaan die zich voor heel veel dollars een mooie vrouwenmummie, kunstig gewikkeld in linnen banden, aanschafte. Hij voerde het voorwerp mee naar Alexandrië waar het prompt in beslag werd genomen. Mummies mogen Egypte niet uit. Er volgde een onderzoek dat leidde tot een bittere conclusie: uit de inderdaad antieke windsels kwam een modern Egyptisch meisje van een jaar of veertien tevoorschijn. De woedende Amerikaan liet het er niet bij zitten. Hij ging terug naar het dorp Qoernah – tegenover Luxor op de westoever van de Nijl gelegen – en meldde zich bij de burgemeester, die hem de nepmummie had verkocht. Hij eiste zijn geld terug, maar dat was natuurlijk allang op. Toen diende hij een aanklacht in wegens bedrog en dat werd een zaak vol ingewikkelde juridische touwtrekkerij. Wie en wat was er strafbaar? De toerist, die verboden antiek had gekocht dat niet antiek was? De burgemeester, die antiek vervalst had? De man die een overleden dochter van de burgemeester tot mummie had verwerkt? Mág een burgemeester zijn dochter verkopen voor veel dollars? Men kwam er niet uit. De burgemeester hield vol dat al zijn kinderen – levend en dood – van hem waren en dat hij er dus mee kon doen wat hij wilde. De wet voorzag niet in zulke vreemde moderne perikelen en de zaak ging dus maar in de doofpot. De toerist reisde af zonder zijn *conversation piece* en de burgemeester keerde naar zijn gemeente terug. En dat was dat.

Met dit uit de jaren zestig stammende mummieverhaal zitten we aan het einde van een heel lange rij van dergelijke verhalen, want altijd waren mummies van mensen, maar ook van dieren, goede koopwaar. In bepaalde kringen in Amerika, waar het héél sjiek is om aan hekserij te doen, bestaat nog altijd vraag naar *mummia*: een bruinzwart poeder dat niet anders is dan fijngemalen mummie, antiek of nieuw. Men betaalt er volgens zeggen tachtig gulden per ons voor . . .

In de middeleeuwen bestond er al grote belangstelling voor mummia omdat dit een heel krachtig geneesmiddel zou zijn dat door in hun tijd beroemde artsen werd aanbevolen. Zo kende de arts en farmacoloog Ibn el-Batir (1197-1248) al mummia als geneesmiddel. Hij noemde het ook wel 'asfalt uit Judea'. De zeer geleerde Abd el-Latif uit Bagdad, een tijdgenoot van el-Batir, kocht op een reis door Cairo de herseninhoud van drie mummies en meende hiermee zeer goede zaken te kunnen doen.

In Europa kreeg men echte interesse voor mummies en mummia in de 16de eeuw. Het was toen al een erkend geneesmiddel voor wonden en kneuzingen. Met Egypte voerde men een bloeiende handel in deze merkwaardige koopwaar en men kreeg het heel druk met het op peil houden van de voorraden. Dat kon alleen via grootscheepse grafroof. De mummies werden in stukken gebroken en in zogenaamde mummie-molens fijngemalen. Hoe bijzonder populair het geneesmiddel was, blijkt wel uit het feit dat koning Frans I van Frankrijk altijd een pakje mummia, vermengd met rabarber(!), bij zich had voor het geval dat hij zich zou bezeren.

Bij een zo grote vraag naar mummia kon het niet anders of men sloeg aan het vervalsen. De gedroogde lichamen van armen, overleden zieken en terechtgestelde boeven leverden na een jaar of vier in heet woestijnzand prachtige mummies op. Het is niet onmogelijk dat deze praktijken reeds in de 12de eeuw in gebruik waren.

Hoeveel mummies van mensen en dieren in mummiemolens terecht kwamen is niet te berekenen. Zeker is dat in onze eeuw nog een hele poezenbegraafplaats bij Sakkara tot mummia werd verwerkt. Men neemt aan dat zeker een half miljard mensen in Egypte als mummie begraven werd. Daar is weinig meer van over. Het is dan ook een geluk dat zoveel mummies in de musea van de wereld terechtkwamen. Die liggen er veilig en vormen nu een onschatbaar studiemateriaal. Maar ook in de grond moeten nog heel wat mummies liggen. Hoe lang die daar veilig zijn voor de nog immer opererende grafrovers is een open vraag.

Wie Egypte als toerist bezocht werd mogelijk geconfronteerd met een mummie uit de buurt van Deir-el-Medina. Tegen betaling haalt de officiële bewaker van het terrein die uit een gat in de grond om te vertonen. In de loop van vijfentwintig jaar hebben we deze mummie zien veranderen van een redelijk goed bewaarde mummie tot een eersteklas griezel. Er zijn stukken afgebroken en gaten in gestoten. Als deze mummie behept is met wraakgevoelens, kan ik hem geen ongelijk geven. Maar voor de rest? Zoals al eerder gezegd, mummies zijn stoffelijke resten van doodgewone mensen die in de Nijlvallei werden geboren, er leefden en stierven. Ze waren rijk of niet erg rijk, jong of oud, ziek of verongelukt. Bij hun geboorte kregen zij het normale levenspakket aan geluk en ongeluk mee, en na hun dood werden ze, als hun familie er het geld voor had, in een mummiewerkplaats behandeld om tenslotte te worden bijgezet in hun Huis voor de Eeuwigheid, hun met zoveel zorg ingerichte tombe, die zo droevig vaak verstoord werd. Zal in het antieke Egypte ooit iemand op de gedachte zijn gekomen welke grillen het lot met een mummie voor had?

Maar gevaarlijk? Kwaadwillend? Behept met magisch geweld en akelige occulte krachten? Het werd en wordt nog altijd beweerd, want bijgeloof laat zich maar heel moeilijk uitroeien. Er bestaat nergens ook maar een spoortje bewijs voor vloeken en dergelijke. En dat is misschien wel jammer voor de minnaars van griezelverhalen en enge films.

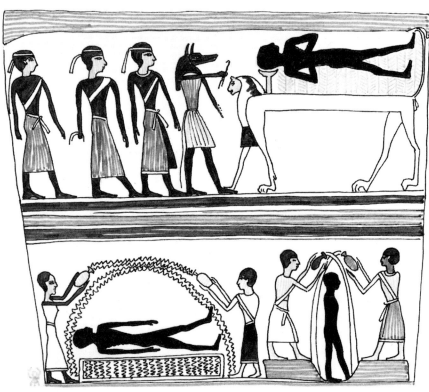

De dode op de balsemtafel.
Links: priester met Anoebis-masker.
Onder: het lichaam in de natron (een dode wordt zwart afgebeeld). Priesters gieten uit kruiken wijwater over de dode. Mummie-kist van Djed-bastet-ef-onch. Natijd. Peli-zaeus Museum, Hildesheim.

11

Wat is een mummie?

Wie 'mummie' zegt, bedoelt haast automatisch een Egyptische mummie en het dringt mogelijk pas later tot hem of haar door dat er ook nog andere soorten mummies bestaan. Vrij veel soorten zelfs, want het mummificeren of balsemen, zoals men het ook kan noemen, is algemener dan men vaak aanneemt. Bekend zijn de mummies uit Peru, waar de Inka's na hun dood in hun paleis bewaard bleven. Doordat de Spanjaarden na hun verovering van het land deze 'heidense' overblijfselen verbrandden, is hier droevig weinig van over. Minder bekend, ondanks de publikaties rond het

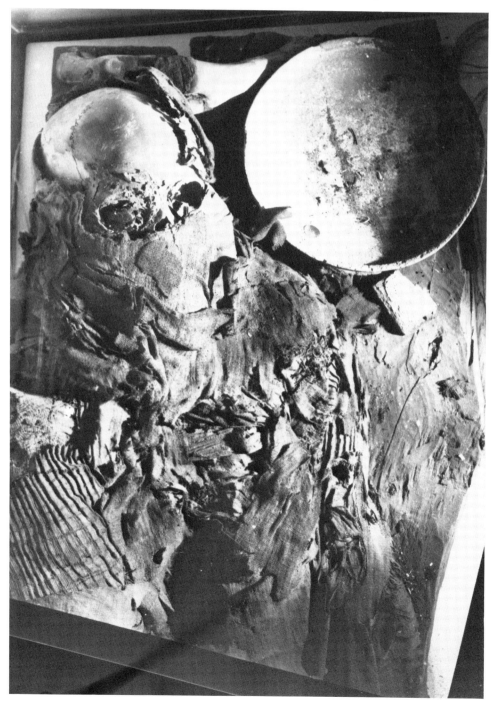

Mummie uit Djebelein. *Oude Rijk (2750-2258 v. Chr.). De schedel ligt op een hoofdsteun van gebogen hout; de benen liggen los van elkaar. De mummie draagt een geplisseerd kleed met lange mouwen van fijn linnen en ligt op 8 cm dikke planken met de linkerarm rechtuit en de rechter gebogen. Naast hem een aardewerk schotel met voedsel. Antropologisch Museum in Turijn.*

onderwerp, is een Chinese mummie, die drijvend in een sarcofaag in een preserverende vloeistof zo uitstekend bewaard bleek te zijn dat de ledematen en de huid nog soepel waren. Helaas werd nooit buiten China bekend gemaakt waaruit die vloeistof nu precies bestond.

Eer we over mummies beginnen te praten moeten we weten dat er twee soorten mummies bestaan, natuurlijke en kunstmatige. De eerste ontstaan zonder toedoen van de mens; de tweede soort wordt gemaakt. Natuurlijk heeft de eerste soort wel iets met mensenwerk uit te staan: als een dode niet werd begraven bestond er weinig kans dat hij of zij ooit een mummie zou worden.

Natuurlijke mummies ontstaan door uitdroging, looiing of bevriezing. Uitdroging treedt op als de dode wordt bijgezet in heet woestijnzand zonder gebruik te maken van een kist. De looiende uitwerking van zure plantesappen zorgt voor het ontstaan van de zogenoemde veenlijken, waarvan de man van Tollund in Denemarken de bekendste is. Deze doden werden letterlijk gelooid en zien er, afgezien van hun bruine kleur, precies zo uit als toen ze nog leefden. Bevriezing zorgt voor een soort diepvriesmummies. Dat zien we bij de Scythen. Als er water kwam in het graf bevroor dit en de preserverende werking op de dode was verbluffend. Hetzelfde gebeurde met de natuurlijke mummies van mammoeten.

De natuurlijke mummie door uitdroging is de specialiteit van Egypte en dank zij de conserverende uitwerking van het hete, sterk vochtopnemende zand aan de rand van de woestijn is die natuurlijke mummie de voorloper van de kunstmatige. Het ligt voor de hand dat er heel wat meer natuurlijke dan kunstmatige mummies in Egypte zijn en waren. Deze laatsten waren het produkt van een zich steeds verder ontwikkelend specialisme in de bewerking van dode lichamen van mensen en dieren, tot er tijdens de 21ste dynastie der Egyptische farao's (1075-950 v. Chr.) een absoluut hoogtepunt werd bereikt. Daarna ging de techniek achteruit en was deze meer gericht op het fraaie uiterlijk van de ingewikkelde mummie dan op goede verzorging van wat binnen al die windsels verborgen lag.

Een mummie kan ook worden gemaakt door zogenaamde balseming. Het lichaam wordt dan behandeld met aromaten, zalven en harsen zodat het bovenal een geurig geheel wordt. Het woord 'balsemen' is afkomstig van het Latijnse *in balsamum*, in balsem, leggen. De moderne wijze van 'balsemen' is het inspuiten van het lichaam met antiseptische vloeistoffen, die doordringen in alle bloedvaten en zo de bacteriën doden die oorzaak van bederf zijn. Bekende kunstmatige mummies die op deze wijze werden vervaardigd, zijn die van Lenin en Mao tse-toeng.

Het begin van mummificatie ligt in de verre prehistorie van Egypte. In die tijd was het de gewoonte een dode in een ondiepe kuil in het hete zand te leggen, al dan niet op een mat. Het lichaam was naakt en lag op de linkerzijde in een foetale houding, de benen opgetrokken, de handen voor de borst gevouwen, het gezicht omlaag gericht. Het werd afgedekt met een los neergelegde huid of een linnen doek en daarna werd het zand er weer overheen geschoffeld. Een hoop stenen erboven zorgde ervoor dat aas- en roofdieren het lichaam niet konden opgraven.

In het hete zand verliep de dehydratie zeer snel, want het nam alle lichaamsvochten op en voerde die af. Omdat een mensenlichaam voor ongeveer 75 procent uit water bestaat, blijft er slechts een heel lichte mummie over die, afgezien van de donkerbruine kleur die aan leer doet denken, een vrijwel volmaakte afbeelding is van de eens levende mens. Een prachtig voorbeeld van een dergelijke mummie is de beroemde Ginger uit het Brits Museum. Ginger – zo genoemd naar zijn rossige haren die perfect bewaard bleven – werd omstreeks 5000 jaar geleden in zijn zandkuil neergelegd, naakt en wel, maar voorzien van voedsel, drank en gereedschap voor zijn leven in het hiernamaals. Zijn wijze van begraven heeft niet alleen model gestaan voor miljoenen die na hem kwamen, maar ook voor de zeer armen in het moderne Egypte. Natuurlijke mummies ontstaan nog iedere dag en men kan die in alle zandgedeelten van de Sahara vinden.

Dat de Egyptenaren al heel vroeg in een leven na dit leven geloofden blijkt overduidelijk uit het meegeven van voedsel en drank. Hoe men ertoe kwam om kunstmatig te mummificeren is niet zo duidelijk en we kunnen er alleen naar gissen wanneer en hoe het idee ontstond dat het voortbestaan van het lichaam onontbeerlijk was voor het voortbestaan in een wereld na de aardse.

De prehistorische Egyptenaren moeten zeker de natuurlijke mummies van eigen aanschouwen hebben gekend, hetzij door het opwoelen van de graven door dieren, hetzij door het onverwacht stoten op een of meer grafkuilen bij het maken van een nieuwe. Dat deze verwoeste grafkuilen aanleiding zijn geweest tot het zinnen op betere begraafmanieren kunnen we veilig aannemen. Maar wanneer dat begon weten we niet. Wel dat men er toe kwam om het lichaam niet meer losjes te overdekken met een kleed – goede methode om het uitdrogen niet te belemmeren – maar het eerst in een grote doek te wikkelen en het dan allengs in bandages te wikkelen van repen linnen, die hiertoe speciaal werden geweven. Van het eerst inwikkelen van het lichaam als één geheel kwam men ertoe om alle ledematen, ook de vingers en tenen, elk apart te zwachtelen om daarna met sterke banden het hele lichaam in de foetale houding bijeen te binden. Later ging men ertoe over het lichaam in gestrekte houding te omwinden, een gewoonte die daarna steeds werd toegepast.

Is het vinden van een verstoorde grafkuil de reden geweest dat men betere begraafplaatsen ging maken? In plaats van een simpele kuil maakte men een rechthoekige en veel diepere schacht waarin het lichaam gestrekt kon liggen. Men kwam er toe houten kisten te gaan maken en nog later stenen sarcofagen. (sarcofaag betekent overigens letterlijk 'vleesverslinder'!). De schacht groeide uit tot een kamer waarin de wanden eerst met hout, later met tichels en steenblokken werden bekleed. De voorraden voor het hiernamaals namen toe en werden kostbaarder, mooier en gevarieerder. Maar te midden van al deze 'verbeteringen' werd de mummie het slachtoffer. Er was niets meer aanwezig om een natuurlijke mummie te doen ontstaan, geen

Het jongetje uit Leiden. *Mummie van een kind van een jaar of vijf, van een perfecte kwaliteit. De opening in de buik is de incisie voor het verwijderen van de ingewanden. De mummie bevindt zich al vanaf 1612 in Leiden, tot 1821 in een zogenaamd rariteitenkabinet. Natijd. Rijksmuseum van Oudheden te Leiden.*

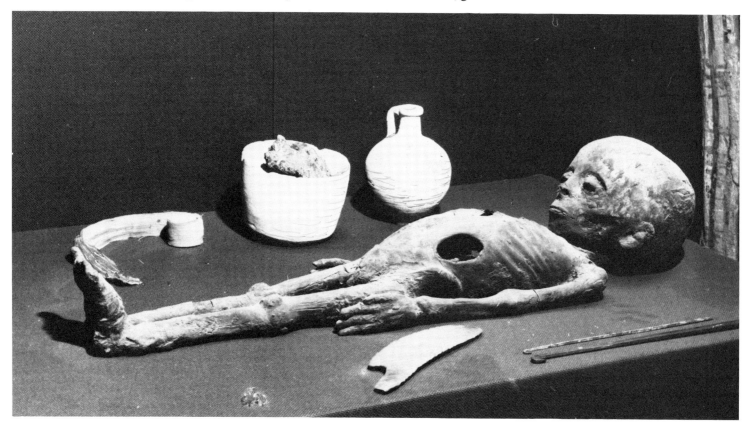

heet zand, geen dehydratie, maar wel bacteriën die zorgden voor een snel of langzaam ontbindingsproces. Dat bleek overduidelijk wanneer men zo'n mummie uitwikkelde. Hoe zorgvuldig de banden ook waren aangebracht, de kern van het geheel bestond altijd uit een slordige massa botten en weinig meer. Het zo kostbare lichaam bleek dank zij de mooie en dure begrafenis onbruikbaar te zijn geworden. Wanneer men nu is gekomen tot een imitatie van het natuurlijke proces: het doen uitdrogen van het lichaam, weten we niet precies. Wel weten we dat de eerste resultaten van mummificatie bekend zijn uit de 4de dynastie (2680-2565 v. Chr.).

Dat een goed geconserveerd lichaam een noodzaak was voor het voortbestaan in het hiernamaals werd al gauw als vaststaand aangenomen. Het lichaam immers was een vleselijk omhulsel van de *ba* en de *ka*; zonder lichaam konden die onmogelijk blijven voortleven. Het vertalen van die twee begrippen *ka* en *ba* is niet eenvoudig. De Egyptenaren kenden niet het begrip 'ziel' zoals wij ons dat voorstellen. De *ka* was een soort goddelijke essence, voortkomend uit de geest die alle materie bezielt. Deze *ka* is het die de mens bij de geboorte reeds meekrijgt, die zijn hele leven conditioneert en die later bij hem zal blijven mits zijn lichaam bewaard blijft. Het begrip *ba* wordt wel omschreven met het geweten. De *ba* is voor de goden verantwoording schuldig voor wat de mens gedurende zijn leven uithaalt. *Ba* en *ka* moeten nauw met elkaar verbonden blijven. *Ka* en *ba* verlaten het lichaam na de dood, waarbij de *ka* onsterfelijk is. De *ba* moet met de *ka* verbonden blijven om eveneens te kunnen blijven voortbestaan, want de mens en zijn geweten zijn materiële zaken en dus sterfelijk, terwijl de *ka* het gepreserveerde lichaam nodig heeft om er zich als het ware mee te kunnen reïncarneren. Dat kan overigens later ook, als men een beeld maakt van de dode dat de *ka* als behuizing kan dienen.

Wat de Egyptenaren al niet hebben bedacht om hun aardse lichaam veilig te stellen is meer dan indrukwekkend. Daarvoor werden de piramiden voor de koningsmummies gebouwd; daarvoor groef men in de Vallei der Koningen de onderaardse paleizen uit waarin de stenen sarcofagen werden neergezet. In die periode, die duizenden jaren duurde, onderging ook het mummificatieproces vele veranderingen. Vanaf een primitief begin bereikte het proces een volstrekt hoogtepunt in de 21ste dynastie, toen men door het gebruik van opvullingen, kunstogen en het beschilderen van de huid zeer 'levende' exemplaren kon bereiken.

Dat het vervaardigen van dergelijke mummies een uiterst kostbare aangelegenheid

Ingewikkelde mummie. *Het erboven hangende sarcofaagdeksel hoort oorspronkelijk niet bij deze mummie. Allard Pierson Museum in Amsterdam.*

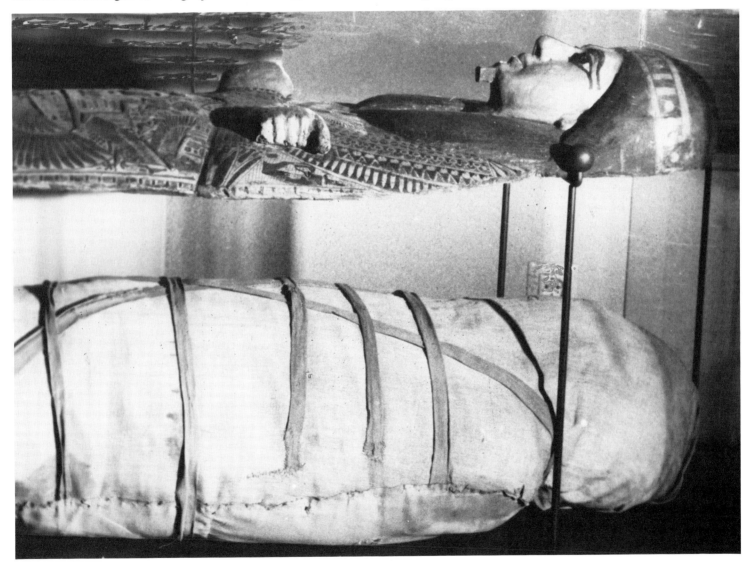

was spreekt vanzelf. Het conserveren van een dode was daardoor eerst een zeer elitaire, later door een democratiseringsproces veelvuldiger toegepaste zaak. Men heeft wel berekend dat de aarde van Egypte aan zeker een half miljard mummies een laatste rustplaats moet hebben geboden. Dat er behalve mensen ook talloze dieren gemummificeerd werden is misschien minder bekend, maar in Egypte bestonden zeer uitgestrekte dierenbegraafplaatsen, zoals de reeds vermelde poezengraven bij Sakkara, waarvan niets meer over is. In de bergen van Thebe bevindt zich een kloof die de begraafplaats was voor vele heilige apen. Een jaar of tien geleden kon men daar nog mummies van apen vinden, die uit hun tomben waren gesmeten door rovers op zoek naar amuletten en zo meer.

De reusachtige graven van de heilige Apis-stieren, in het Serapaeum van Sakkara, zijn genoegzaam bekend. Maar de enorme granieten sarcofagen zijn leeg en de enige Apis-mummie van het museum in Cairo is niet veel meer dan een ietwat onfrisse verzameling botten en stukken huid, nog liggend op de zware houten plank waarop het dier werd neergelaten in zijn stenen behuizing.

Bekend zijn ook de miljoenen gemummificeerde ibissen – de aan de god Thot gewijde vogels die nu in Egypte geheel zijn uitgestorven – die met miljoenen werden bijgezet in aardewerk potten in eindeloze onderaardse gangen.

In Egypte waren heel wat dieren die voor mummificeren in aanmerking kwamen vanwege hun bijzondere betekenis. Vissen en krokodillen, haviken en buizerden, schapen en runderen, poezen en honden, gazellen en apen, ontelbaar vele daarvan kregen een keurige begrafenis. Alleen één bovenal nuttig dier, dat zozeer heeft bijgedragen tot het ontstaan van een beschaving als de Egyptische, het nederige lastdier

Mummie in een lijkkist. *Rijksmuseum van Oudheden te Leiden.*

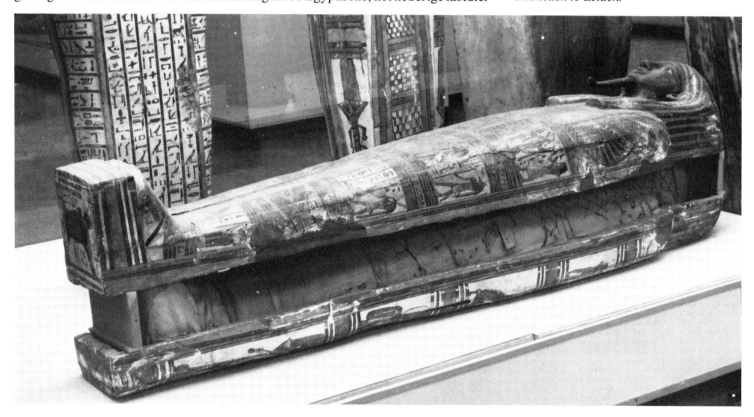

de ezel bleef van alle zorg verstoken, zoals nog altijd het geval is.

En dan waren er ook nog al die kleine en op het oog weinig nuttige beestjes, die in aanmerking kwamen voor mummificatie in een klein, vaak van brons gemaakt sarcofaagje: scarabeeën, muizen, kleine slangetjes, hagedisjes, jonge poesjes. Er bestaan heel wat van die kleine sarcofaagjes, meestal met een afbeelding van het inliggende dier er bovenop.

Dier en mens deelden vaak hetzelfde graf. Men heeft vroeger wel gedacht dat bij de dood van een belangrijk iemand zijn geliefde dieren werden gedood om mee begraven te worden, maar hiervoor bestaat geen enkel bewijs. Wél dat een eerder gestorven lievelingsdier – aap, hond, gazelle – werd gemummificeerd en in een sarcofaag gesloten om dan later gelijk met zijn baas of bazin te worden bijgezet. Beroemd is de prachtige stenen sarcofaag in het museum van Cairo van een heel verwende poes die een verrukkelijk tweede leven moet hebben geleid. Ze draagt een kostbare gouden halsketting met hanger, zit op een kussen en kreeg als offer allerlei gebraden vogels en stukken vlees mee om er 'tot in de eeuwigheid' van te kunnen genieten!

16

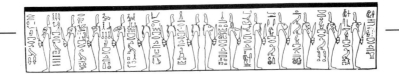

Geconfijte lichamen

In 1547 vertrok vanuit Frankrijk een diplomatieke missie naar Egypte om er besprekingen te voeren. In het gezelschap van de hooggeplaatste heren reisde ook een arts mee, Pierre Belon. Of hij meereisde als nuttig lid van het gezelschap of dat hij om zuiver persoonlijke redenen zich bij hen had aangesloten, vermeldt het verhaal niet. Pierre Belon bezocht vele wonderen van het land der farao's en hij daalde ook af in een aantal graven, die hem kennelijk hevig interesseerden. Van die graven wist hij te vertellen dat het er gonsde van de vliegen, en geen wonder: ze lagen vol met wat hij op merkwaardig poëtische wijze 'geconfijte lichamen' noemde – mummies dus!

Hij was niet de eerste Egypte-reiziger die door mummies gefascineerd raakte. De Grieken stelden er groot belang in en de verhalen van Herodotus komen we verderop nog tegen. Toen was Egypte al beroemd vanwege de hoge cultuur, de wijze wetten, de voor die tijd grote medische kennis en niet in het minst vanwege de mummificatie.

Ook de Romeinen interesseerden zich voor het land van de farao's. In die tijd kon men nog heel mooie mummies bekijken en dat moet dan ook de reden zijn geweest waarom de schone Poppaea (de vrouw van keizer Nero) bepaalde dat ze na haar dood niet begraven of gecremeerd mocht worden, maar dat men haar moest balsemen.

Alle Europeanen die vanaf de 15de eeuw naar Egypte trokken, raakten onder de indruk van de tienduizenden mummies die overal te vinden waren, en velen van hen begeerden er één of meer mee te nemen als reissouvenir. Bovendien waren er de wetenschappelijk geïnteresseerden, die mummies ernstig wensten te onderzoeken om er hun – vaak merkwaardige – conclusies uit te kunnen trekken.

Wat de eerste Europese reizigers zich aan moeite en gevaren hebben getroost om mummies in graven te bezoeken grenst vaak aan het ongelooflijke. Ze trotseerden de bevolkingen van plaatselijke dorpen, die vreesden te worden beroofd (niet ten onrechte overigens zoals later vaak gebleken is) van een gemakkelijke en zekere wijze van broodverdienen. De reizigers werden dikwijls beschoten, maar ze werden soms ook op snode wijze achtergelaten in duistere onderaardse gangen waarin de bevolking wél, maar de ongelukkige reiziger niet de weg kende. Ze verkeerden vaak in levensgevaar doordat ze met brandende kaarsen en toortsen doordrongen in ruimten die vol brandbaar materiaal lagen: in hars gedrenkte windsels en kurkdroge houten sarcofagen. De reizigers kwamen in ruimten vol vleermuizen en guano en liepen daarmee kans op kwalen die in onze tijd aan 'farao-vloeken' worden toegeschreven, al weten we wel degelijk dat infecties er de oorzaken van zijn. Ze kwamen ook vaak terecht in vertrekken waarin zoveel mummies lagen opgetast dat ze onder hun voeten braken als dorre takjes, wat een nogal enerverende ervaring moet zijn geweest. Stukken steen vielen soms van plafonds omlaag onder de druk van de aarde en in vele graven maakte een scherpe ammoniaklucht een lang verblijf ondergronds niet bepaald aangenaam. Er waren griezelig diepe schachten waar men overheen moest zien te komen en er was gebrek aan zuurstof als er te veel mensen in een niet-geventileerde ruimte bijeen waren.

En toch! Ondanks al die hindernissen en moeilijkheden bleef men mummies aan de oppervlakte brengen, soms uit pure nieuwsgierigheid, vaak uit zuiver winstbejag, maar geregeld ook gedreven door een eerlijke zucht naar kennis. Het merendeel van die mummies onderging twijfelachtige behandelingen, waardoor er vaak niets van overbleef. Wat te denken van het stoken van 'likeur' uit dergelijke geconfijte lichamen? Of het vermalen tot kunstmest voor de akkers? Of het vermengen met asfalt of vet tot zalven en pasta's? Of het fijnwrijven tot het nog steeds begeerde mummia? Want wat kon er werkzamer zijn dan een medicament dat uit zoiets griezeligs werd toebereid? Natuurlijk leidde dit weer tot de bereiding van nepmedicijnen: een mengsel van pek en asfalt dat duur werd verkocht als zijnde het enige echte mummia.

Op de volgende pagina's: mastaba te Gizeh. *gelegen in de groep van westelijke mastaba's. Vanaf de 4de dynastie, ongeveer 2500 v. Chr.*

Gelukkig kwamen er al vrij gauw waarschuwingen van de kant van artsen die hun patiënten goed gezind waren: nooit mummia kopen als deze opvallend glanzend is; kijken of het mummia goed zwart is en of het lekker ruikt; een beetje verbranden en dan de rook opsnuiven: deze mag nooit ruiken naar pek! Het was maar een weet. Maar ook toen al waren er sceptici die het waagden aan het effectieve nut van mummia te twijfelen. Zij verklaarden dat mummia niet de geringste medische waarde bezat, integendeel. Men kon veel beter dat gevaarlijke goedje niet slikken, omdat het leidde tot maagpijn, een slechte adem, misselijkheid, diarree en zo meer. Er hebben zelfs ware fabrieken van mummia bestaan, onder andere bij Deir el-

Beschilderde houten sarcofaag. *Op de kist zit een Anoebis en kleine valken zijn er op geplaatst. Daarvoor staat de tweede kist en helemaal vooraan ligt de mummie van Anch-hor, profeet van de god Mentoe uit ongeveer 700 v.Chr. Op de mummie een kralennet. Rijksmuseum van Oudheden in Leiden.*

Medina, de ruïnes van het dorp waar in de oudheid de werkers aan faraograven in de Vallei der Koningen hebben gewoond. De sinds lang openstaande en leeggeplunderde graven op vele begraafplaatsen werden kennelijk gebruikt als fabriekjes. Het zijn totaal zwartgeblakerde vertrekken, waarin men vuurtjes stookte om harsen te smelten, en die vuurtjes werden gestookt met de in kleine stukjes gebroken houten sarcofagen . . . De reserve aan mummies lag opgeslagen in de andere vertrekken en iedere dag werden die voorraden aangevuld door per kameel of ezel aangevoerde lasten van steeds weer nieuwe mummies. De Hollandse reiziger Jan Sommer, die aan het eind van de 16de eeuw Egypte bezocht, heeft dit uitgebreid beschreven.
Na het gereedkomen van de lugubere handel werd deze vervoerd naar de havensteden aan de Middellandse Zee – waarbij Alexandrië een voorname rol speelde – om te worden geladen in de Venetiaanse en Portugese schepen die zich hadden gespecialiseerd in het vervoer van de kostbare waar. Het reisdoel vormden de Franse havensteden, vanwaar het mummia naar Lyon werd vervoerd. Lyon was het centrum van waaruit mummia door Europa werd verspreid. Dáár kwamen namelijk de apothekers om zich te bevoorraden, want alleen in hun handen lag de zeer lucratieve detailhandel waar artsen en patiënten konden kopen. Wie het geld had om flinke voorraden te kunnen inslaan, kon er vast op rekenen binnen de kortste keren rijk te worden.
Hoeveel 'geconfijte lichamen' zouden er door zieken en heksen zijn opgedronken of doorgeslikt? . . .

Pag. 20 en 21: deksel en kist met de mummie van de priester van Amon, Hor, *ca. 900 v. Chr. Rijksmuseum van Oudheden te Leiden.*

De gemutileerden

Was het bekende en beroemde verhaal van Osiris, die eens als een uitstekende koning heerste over Egypte en die na zijn dood een god werd, afkomstig uit de oertijd en daardoor in het hele land zo bekend dat niemand er eigenlijk aan dacht het op te schrijven voor het nageslacht? Het lijkt er veel op, zelfs al bestonden er van het verhaal verschillende versies. Nergens hebben we uit Egyptische bronnen een komplete beschrijving van de Osirismythe. De meest volledige versie danken we aan Plutarchus (± 46-120), die er een hele studie aan moet hebben gewijd eer hij het verhaal neerschreef.

Hoe was de gang van zaken waardoor een koning van Egypte veranderde in de officiële dodengod, die vanaf het Oude Rijk (2750-2258 v. Chr.) steeds belangrijker werd? We geven hierbij de mythe in verkorte vorm om een en ander duidelijk te maken.

Osiris was de zoon van de hemelgodin Noet en de aardgod Geb. Hij had twee zusters, Nefthys en Isis, en een broer, de boosaardige Seth. Osiris huwde met Isis en samen heersten zij goed en rechtvaardig over het land, dat bloeide onder dit gezegende bestuur.

Seth, die bij al zijn kwade eigenschappen ook nog behoorlijk jaloers was, besloot hieraan een einde te maken. Hij broedde een aantal snode plannen uit en toen hij meende dat er niets mis kon gaan, nodigde hij Osiris uit voor een banket waaraan niet minder dan tweeënzeventig gasten zouden deelnemen. Een onderdeel van het feestprogramma was het tonen van de schitterende sarcofaag die Seth had laten maken en die door hem werd uitgeloofd aan de gast die er precies in zou passen. Een sarcofaag was een kostbaar en zeer begeerd voorwerp en alle gasten onderwierpen zich dan ook graag aan het pas- en meetwerk. Maar het bleek onmogelijk voor wie dan ook om de sarcofaag te winnen. Niemand lag er echt behaaglijk in, totdat Osiris het op zijn beurt probeerde, want de sluwe Seth had de sarcofaag precies op zijn maat laten maken. Terwijl Osiris zich nog in de sarcofaag nestelde, schoten de trawanten van Seth toe, smeten het deksel op de kist en timmerden dat stevig vast, omwikkelden de kist nog eens met een sterk touw en droegen hem toen weg naar de Nijl, waarin ze de sarcofaag wierpen. De sterke stroom greep de kist en voerde die snel uit het gezicht, heel Egypte door en naar de zee . . .

De arme weduwe Isis, die hoorde wat er met haar gemaal was gebeurd, zwierf het hele land door om de kist te zoeken, maar eerst toen ze in de verre havenstad Byblos kwam vond ze daar de kist op het strand. Ze nam de sarcofaag mee terug naar Egypte en bleef treuren om haar verloren liefste.

Natuurlijk vernam Seth gauw genoeg dat het lichaam van zijn gehate broer en rivaal zich bij Isis in de Delta bevond en hij trok er snel heen en maakte zich er van meester. Nu ging hij nog doeltreffender te werk. Hij sneed het lichaam van Osiris in stukken en verstrooide die door heel Egypte, behalve de penis, want die was opgegeten door de later zeer heilige vis Oxyrhynchus. Aldus het verhaal van Plutarchus.

Schreiend ging Isis opnieuw op zoek naar het lichaam van haar man en de goede god Ra was zo met haar begaan dat hij haar hielp. Vanuit de hemel stuurde hij de god Anoebis naar de aarde, de god met de jakhalskop, en Anoebis verrichtte goed werk. Hij verzamelde alle onderdelen van Osiris, voegde die weer samen en wikkelde ze in zijn eigen huid en een wade. Toen had Osiris de vorm verkregen waarin hij voortaan altijd zou worden afgebeeld: als een staande man, de benen aaneengesloten en de armen voor de borst gekruist, gewikkeld in een strak aangetrokken wade en met op het hoofd de witte kroon van zijn eigen land Beneden-Egypte, met aan weerskanten ervan een hoge struisveer.

Maar nog altijd was Osiris dood. Toen gingen zijn twee zusters Isis en Nefthys naast hem staan en met hun van grote vleugels voorziene armen wuifden ze hem levensbrengende lucht toe, die zijn neus binnenstroomde en hem uit de dood wekte. Osiris

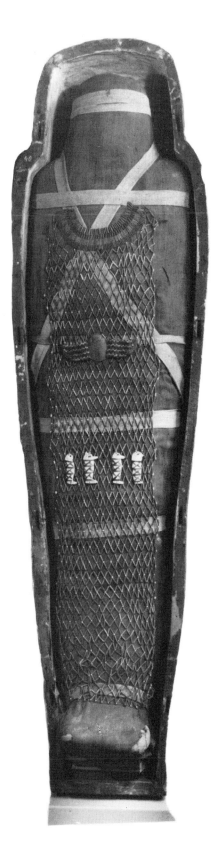

was voor de tweede keer geboren, maar nu niet meer als koning van Egypte, doch als de god van alle doden.

Nu hebben er in het oudste Egypte heel eigenaardige dodenriten bestaan, die weliswaar duidelijk betrekking zouden kunnen hebben op deze oeroude Osiris-legende, maar die ook een voorbeeld kunnen zijn van de vraag: wat was er eerder, de kip of het ei?

Vanaf ongeveer 4500 v. Chr. werd er in Egypte al doelbewust ritueel begraven. Daarop wezen de wijze van neerleggen van de dode en ook de voorwerpen die hij of zij in het graf meekreeg. Omstreeks 3500 v. Chr. gebeuren er echter merkwaardige dingen met de dode lichamen. De uit die tijd gevonden lichaamsresten bestaan meestal uit skeletten, toegedekt met een mat, een lap of een dierenhuid. De geraamten zijn kompleet of niet kompleet, en om die laatste gaat het.

Hoe viel het namelijk te verklaren dat men in een duidelijk nimmer verstoord graf, dat na sluiting nooit meer was geopend, zulke opvallende zaken kon waarnemen als een lichaam waarvan de botten helemaal door elkaar waren gegooid? Of waaraan allerlei delen ontbraken? Men vond skeletten die met oker waren gekleurd, en er waren geraamten die tot een stapel botten waren opgetast met de schedel als bekroning er bovenop. In Abydos vond men zelfs een skelet dat in tweeën was gedeeld, en die delen waren apart van elkaar begraven.

Wat moet de vinder van zoiets vreemds daaruit opmaken? Dat de lichamen waarvan alleen skeletten over waren, vóór de begrafenis zo waren toegetakeld was duidelijk, want hoe kun je anders een skelet kleuren? Deed men in die tijd aan religieus kannibalisme, zoals Petrie meende? At de familie tijdens een luguber festijn het lichaam op om aldus zelf de kracht van de dode in zich te nemen? Het is een verschijnsel dat bekend is over de hele wereld. Of was men bang dat de geest van de dode zou terugkeren, zijn lichaam zou vinden en zich erin nestelen om daarna de familie of de stam te gaan terroriseren, zoals Maspero zeker meende te weten? Hoe men er ook over denkt, een vreemde zaak blijft het tot men er de Osiris-legende bij haalt. Want dan blijken de onderdelen van die vreemde dodenriten ineens te passen als de stukjes van een legpuzzel. Ook het lijk van Osiris werd aan stukken gesneden om later door magie en toverij te herleven tot een geheel. Is nu de Osiris-legende ontstaan uit de oeroude gewoonte om een kadaver onschadelijk te maken, of hebben we eerder te maken met het imiteren van die legende?

Erg lang schijnt overigens dat vernielen van dode lichamen niet te hebben geduurd. Reeds in de predynastieke tijd, vóór 3000 v. Chr.zien we pogingen tot het zo goed mogelijk bewaren van het lichaam, opdat dit zich weer kan verenigen met de geesten van de eens levende mens.

Als de dynastieke tijd begint en er op de troon van Egypte farao's zetelen, die zo belangrijk zijn voor het welzijn en het welbevinden van het volk, ontstaat de logische behoefte om vooral deze koning een zo goed mogelijke begrafenis te geven. Eerst wikkelde men hem in foetale houding zo strak mogelijk in linnen doeken en legde hem dan in een graf dat steeds meer werd uitgebreid: het werd dieper en groter. De grafgiften maakten de aanleg van voorraadkamers noodzakelijk. De wanden werden eerst met hout gestut, later met stenen platen. Maar men ontdekte ook al gauw vol schrik dat juist die imposante wijze van begraven het voortbestaan van het lichaam in gevaar bracht.

Als men nu een verpakking van een 'mummie' uit de 3de dynastie opent, blijkt die wel de vorm van een mensenlichaam te hebben, maar de inhoud bestaat uit een hoeveelheid botten. Er móest dus wel worden gezocht naar een betere preservatiemethode en zo kwam men dan uiteindelijk in de 4de dynastie (2680-2565 v. Chr.) tot mummificatie. De oudste ons bekende echte mummie is die van een hofmuzikant uit de 5de dynastie, maar zeker is dat ook koningin Hetep-heres, de moeder van farao Cheops, reeds werd gemummificeerd.

Reliëf uit het graf van Meri-meri, 19de dynastie. Bij de rite van het openen van de mond wordt de mummie ritueel gereinigd. Rijksmuseum van Oudheden in Leiden. ▷

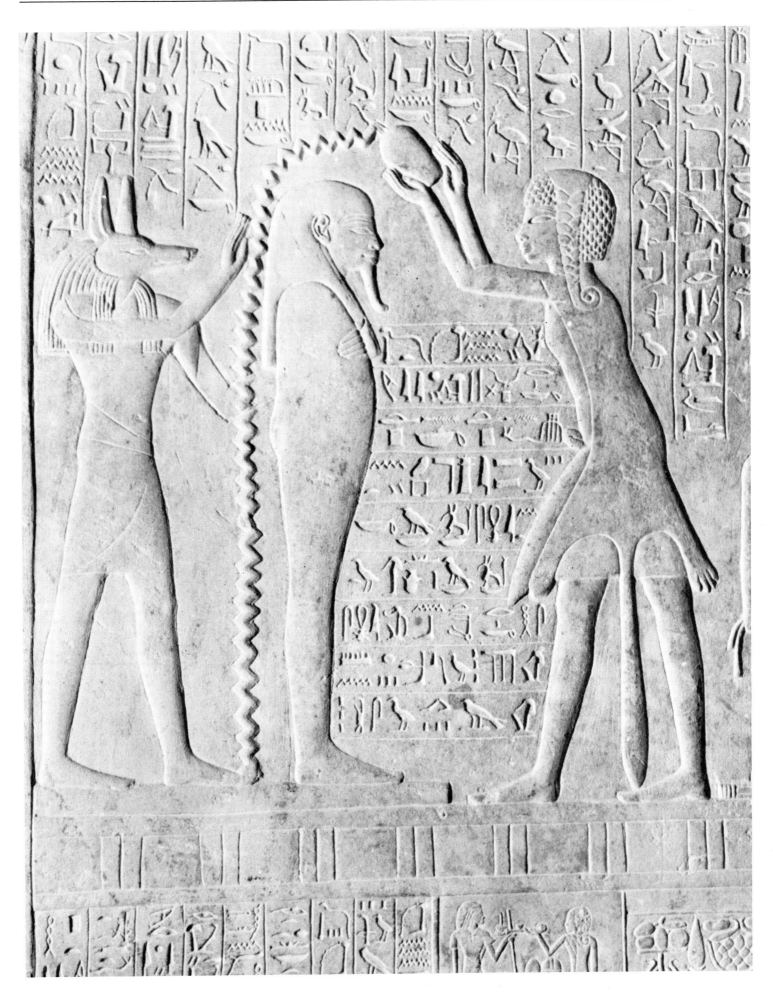

Ceremoniële instrumenten voor het zgn. openen van de mond. Blad van kalksteen met daarin vakjes voor de dissel, de vaasjes en mesjes. Louvre, Parijs.

In het dorp Qoerna begeven vrouwen zich ▷ naar het huis van een gestorvene.

Er is een mens gestorven

Er zal niet eens zoveel verschil bestaan tussen het luidruchtige verdriet dat men vandaag de dag na het overlijden van een Egyptenaar krijgt te horen, en dat van duizenden jaren geleden. Hoe lang hebben in de Nijlvallei en de Delta niet de doordringende gillen van de vrouwen geklonken, eerst van de weduwe en de andere vrouwen van de huishouding, daarna – en steeds aanzwellend – die van de dorps- of stadsgenoten die het nieuws vernamen.

Ook in het antieke Egypte stroomde iedereen de huizen uit om kennis te geven van schrik en verdriet. Vrienden en familie haastten zich naar het sterfhuis, maar zorgden er eerst voor gezicht en haren in te smeren met stof en modder als teken van rouw en medeleven. Dit was het begin van een lange rouwperiode, die voor de betrokkenen allesbehalve aangenaam moet zijn geweest. Het ergste was dit als de farao was overleden, want een dergelijk droevig feit raakte iedereen en niemand kon ontkomen aan rouwbetoon. Hoe hoger de positie die men innam, hoe rigoureuzer dit vertoon verwacht werd te zijn. Over hoe lang die periode moest duren bestaat geen duidelijk uitsluitsel. Diodorus vertelt dat men er zich niet minder dan tweeënzeventig dagen aan te houden had; anderen noemen veertig dagen. Heel sterk is de mededeling in een brief van een man aan zijn gestorven geliefde echtgenote, op een papyrus in het Leids museum: 'Toen je kwam te overlijden, heb ik acht maanden lang niet gegeten en gedronken'.

Na de dood van iemand begon er voor de familieleden en voor zijn of haar vrienden dus een moeilijke tijd. Mannen moesten ten teken van rouw hun baard laten staan en dat zelfs de koning hieraan niet ontkwam bewijst een getekend portretje van Echnaton (Amenhotep IV), waarop hij staat afgebeeld met een baard van een week en een weinig verzorgd uiterlijk. Tot aan de begrafenis was het eten voor de hele familie uiterst karig en eenvoudig, en ook de drank moest men laten staan. Stoffige en gescheurde kleren, stoffige en modderige hoofden hoorden bij behoorlijk rouwgedrag. Maar al dit vertoon viel in het niet bij wat er van de mensen werd vereist als de koning was overleden. Het leek dan of het land zelf gestorven was. Alle tempels gingen dicht; er werden geen offers meer gebracht en tweeënzeventig dagen lang werd er niet één tempelfeest gevierd. De vrouwen bonden een gescheurde japon onder de borsten vast en krabden en sloegen zich daar op uitzinnige wijze. En al was een groot deel van die vrouwen van beroep klaagvrouw, het effect was er niet minder om. Tweemaal per dag zong men dodenliederen en heel die lange tijd van meer dan twee maanden had men zich te onthouden van vlees, wijn, verse groente en natuurlijk het maken van goede sier.

Men mocht niet meer baden, geen parfums gebruiken en men had zich te onthouden van het bedrijven van de liefde. In de necropolis werden de ambtenaren van de begrafenisdienst gewaarschuwd dat er voor hen een tijd van grote bedrij-

vigheid zou aanbreken. Een aantal van hen kwam vanuit de woestijn van de westelijke oever naar de overkant van de Nijl om het lichaam op te halen uit het paleis. Ingewikkelde riten moesten vanaf de eerste minuut worden uitgevoerd waarvoor vele mensen nodig zouden zijn, terwijl men ook een begin maakte met het organiseren van de eindeloze stoet van mensen die de dode op zijn weg naar het graf zou begeleiden. Voor de schrijvers moeten het drukke dagen zijn geweest, waarbij oppassen geboden was, want gemaakte fouten konden voor de dode problemen in het hiernamaals betekenen.

Nu bestaan er van dergelijke begrafenisstoeten en ceremonieën heel veel afbeeldingen, vooral uit graven. Heel mooie en bovenal erg duidelijke zijn te vinden in het graf van de vizier (na farao de hoogste man van het land) Pepi-anch bij Meir. Talloze verklarende teksten in hiërogliefen vertellen duidelijk wie wie is en wat er allemaal wordt gedaan. Aan de hand van dergelijke ware stripverhalen kunnen we ons een uitstekend beeld vormen van de gang van zaken en van de enorme kosten die een begrafenis van een dergelijk hooggeplaatst iemand voor de familie moet hebben meegebracht.

De begrafenis van iedere dode begon ermee dat het lijk van huis werd afgehaald door dragers, die een kist bij zich hadden waarin het werd vervoerd. Dit was niet de uiteindelijk gebruikte sarcofaag, die menigeen lang voor zijn dood al liet vervaardigen om er zeker van te zijn dat het een waardig en mooi omhulsel voor zijn sterfelijk lichaam zou zijn. Eerder hadden de mannen een soort lichte doos bij zich, van dadelblad of dun hout gemaakt. De jammerende familie bleef bij het huis staan, terwijl de mannen de kist wegdroegen naar de steiger, waar al een aantal boten gereed lagen voor de tocht naar de westelijke oever. Op een van de boten bevond zich een afdak op ranke zuiltjes. Hieronder werd de dode geplaatst, waarna twee klaagvrouwen plaatsnamen op de voorplecht en zich duidelijk lieten horen. In totaal voeren er acht mensen met de dode mee, waaronder een voorleespriester, een balsemer en twee stuurlieden aan de lange stuurriemen.

Twee houten sleepboten hadden de taak het dodenschip naar de overkant te brengen, voortbewogen door acht roeiers en met één roerganger. De vaart naar de overkant van de Nijl duurde toch al gauw ruim een kwartier want de stroom was en is nog altijd heel sterk en eer de steiger aan de westzijde was bereikt moest er goed gemanoeuvreerd

worden. Als het schip was afgemeerd kwamen er drie mannen die een baar droegen in de vorm van een leeuw. De kist met de dode werd daarop geplaatst en men droeg het geheel naar de reinigingstent, die helemaal aan het einde van de kade gebouwd was. De leespriester met zijn papyri in de hand liep vooraan in de optocht, gevolgd door twee nieuwe balsemers, één klaagvrouw, nog eens twee balsemers, vier ambtenaren van de dodendiensten en nog een leespriester die zich hier bij de stoet voegde.

In de reinigingstent had het eerste ritueel van een eindeloze reeks plaats. Men had er kannen met heilig waswater, waarin waarschijnlijk natron was opgelost. Het natron speelde bij de hele begrafenisdienst en de mummificatie een buitengewoon belangrijke rol, omdat men er heilige eigenschappen aan toeschreef. Met dit water werd de eerste reiniging van de dode verricht, door het over hem of haar uit te gieten als een

reinigend bad. Deze rite stamt hoogstwaarschijnlijk uit de verre oudheid en is een herinnering aan de primitieve eerste dodendiensten van Heliopolis om de geboorte te vieren van de zonnegod die voortkwam uit het duistere en koude oerwater Noen. In het begin zou dit overgieten met heilig water eigenlijk het enige dodenceremonieel zijn geweest.

Toen de god Osiris steeds belangrijker werd, voegde men er de zeer ingewikkelde Osiris-rituelen aan toe.

Van de eerste handelingen met een dode bestaan weinig afbeeldingen. Het lijkt erop dat men deze toch altijd lugubere en vaak weinig frisse tonelen maar liever niet afbeeldde. Uit wat er bestaat weten we wel dat de dode na de wassing met het heilige water werd aangekleed, voorzien van de tekenen van zijn waardigheid, dat hij sandalen aan de voeten kreeg en weer op de baar werd gelegd. Nu was hij klaar voor de tocht naar de mummiewerkplaats, waar men al gereed stond voor het langdurige procédé

Reliëf van treurenden. *Uit de mastaba van Anch-mahor in Sakkara, ook bekend als het 'graf van de arts'. 6de dynastie, ca. 2350 v.Chr.*

van de mummificatie. Hier namen zij die de dode gedurende deze tweede tocht hadden begeleid, afscheid om naar huis terug te keren en de dag af te wachten waarop de gereedgekomen mummie naar het eigen huis zou worden vervoerd, om van daaruit zijn laatste gang te ondernemen naar het graf, dat meestal vooraf al was aangelegd.

Heel het ingewikkelde begrafenisritueel werd geleid door een speciale priester, de *sem*-priester, die zich van de anderén onderscheidde door het dragen van een panterhuid. Maar eer het zo ver was moest de dode worden onderworpen aan een ingewikkelde en weinig verheffende behandeling. Van zijn dode lichaam moest een keurig ingewikkelde mummie worden gemaakt, die tot in lengte van dagen zou kunnen bestaan.

27

Klaargemaakt voor het hiernamaals

Een farao kon er een eigen mooie balsemingstempel op na houden, zoals we kunnen zien bij de daltempel van farao Oenas, die door een lange opgang verbonden was met zijn op grote afstand gelegen piramide in Sakkara. De hele gang van zaken kon daar rustig plaatsvinden. Maar een particulier, al was die nog zo hooggeplaatst, moest het met heel wat minder doen. Voor hem was er een soort paviljoen, dat uitneembaar was en door de balsemers meegebracht, meestal naar het graf waarin de gereedgekomen mummie later zou worden bijgezet. Zo'n paviljoen kon een enkele maal van tichels worden opgebouwd en bleef dan natuurlijk staan. Een zekere Aba, die in de 6de eeuw v. Chr. directeur was van het burgerlijke ambtenarenbestand, had een dergelijk paviljoen, dat in 1972 werd opgegraven door Belgische archeologen in het Assasif te Thebe, waar vele graven van hooggeplaatste personen uit die periode liggen.

Een mummiewerkplaats droeg de fraaie namen *iboe* (reinigingsplaats), *wabet* (balsemingsplaats) of *per nefer* (het schone huis). De werkelijkheid was echter heel wat minder fraai en wat daarbinnen met het dode lichaam werd uitgehaald weinig esthetisch, al was de hele bezigheid omgeven door talloze rituelen en gebeden. In het paviljoen stond de balsemtafel van hout, waarop het lichaam voor de behandeling werd gedeponeerd. Er is een aantal van dergelijke tafels gevonden, ook wel in de graven van rijke particulieren, die hun mummietafel voor zichzelf wensten te houden.

Een balsemtafel bestond uit een rechthoekige plaat van ongeveer twee bij anderhalve meter en er hoorden ook vier stevige houtblokken bij waarop men de mummie tijdens het inwikkelen voor het gemak kon neerleggen. De meeste van die tafels zijn doordrenkt van hars en natron vanwege het vele gebruik, maar er bestaan er ook een paar van mooi albast, die duidelijk particulier bezit waren en dus slechts één keer gebruikt werden. Ook de reusachtige balsemtafels voor de heilige Apis-stieren, die nu nog te zien zijn te Mitrahina bij Memphis, waren van albast. Balsemtafels zijn opvallend laag en men neemt dus aan dat de balsemers er omheen zaten.

De balsemers, die in de werkplaatsen hun nogal walgelijke werk uitvoerden, waren niet bepaald gezien bij het grote publiek en ze hebben dat vaak geweten. Natuurlijk waren ze belangrijk als weinig anderen, want letterlijk iedereen was van hen afhankelijk voor een zeker voortbestaan na de dood. Maar ze gingen om met dode lichamen, deden er nare dingen mee zoals insnijdingen maken en dus beschadigen, leeghalen en zo meer. Er bestaat wat dat betreft een veelzeggende tekst: 'de vingers van een balsemer zijn walgelijk, want ze hebben de stank van kadavers.'

Gezien hun beroep is het niet verwonderlijk dat de balsemers er de voorkeur aan gaven om bij hun werk op de westelijke oever te wonen, al hadden ze wel degelijk het recht om in de stad een huis te hebben. Als een bepaalde clan waren de balsemers sociaal bezien onaanvaardbaar, wat hen echter niet belette óm er eigen gebruiken, regels en een eigen hiërarchie op na te houden. Ze hadden titels die vaak imposant klonken, vooral in de Natijd; ze hadden een vastgesteld territorium en konden zich bij een rechter beklagen als ze meenden daartoe reden te hebben. De mannen die de eerste incisie maakten, hadden 'recht' op de doden van een aantal dorpen en hielden zich daar strak aan, zonder zich te begeven op het terrein van een confrater.

De positie van de balsemers bracht met zich mee dat ze vaak priesterdiensten moesten verrichten, hetgeen gebeurde met een masker op, bij voorbeeld van de dodengod Anoebis. Voorbeelden van dergelijke griezelige echte maskers zijn te zien in diverse musea, onder andere in het Louvre te Parijs. Zo'n priester 'sprak' dan met Anoebis en herinnerde hem er onder andere aan dat de god zelf gewerkt had bij de mummificatie van Osiris. Die priesterplicht verhief de balsemers boven het niveau van de gewone mensen, maar of hen dat veel geholpen heeft bij het verbeteren van hun algemene aanzien valt te betwijfelen. En al werd hun arbeid misschien goed betaald,

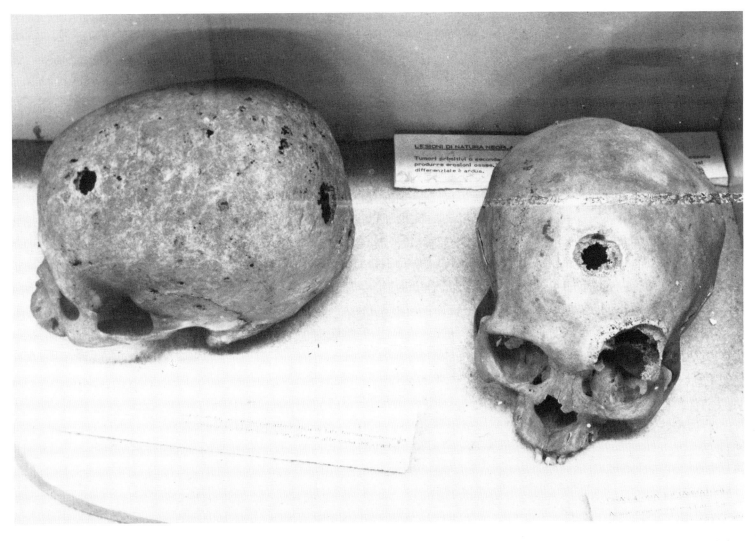

het werd er niet aangenamer op. Het kan mogelijk worden vergeleken met werken in een abattoir, maar dan zonder de moderne technologie.

Het werk van de balsemers was vakwerk. De mummie moest zo goed mogelijk, dus houdbaar, worden vervaardigd. Het mummificatieproces maakte vele stadia door: primitief in het prille begin, om via de perfecte balseming van het Nieuwe Rijk te verworden tot slordig werk aan de uiterlijk bijzonder fraaie mummies, met hun kunstige omwikkeling rond een vergaan lichaam, in de late tijd.

In de dodensteden namen de balsemers dus een zeer belangrijke plaats in, maar om hen heen bestond een andere organisatie, de massa priesters en hun ondergeschikten die rondom het vervaardigen van mummies tot taak hadden alle magische en rituele handelingen uit te voeren. Ook dit waren zeer machtige mensen, uiteraard heel wat minder geminacht, al woonden ook zij meestal op de westoever om dichter bij hun werk te zitten.

Balsemers en priesters vormden slechts een onderdeel van hen die hun dagelijks brood verdienden met het verzorgen van de doden in de meest uitgebreide zin van het woord. Om sarcofagen van hout en steen en al het grafmeubilair te maken moeten er hele legers meubelmakers, edelsmeden, beeldhouwers en schilders zijn geweest. Voor het uithouwen van graven en het zoeken van een goede plaats daarvoor – zeker als het een koningsgraf betrof – waren vaklieden nodig om de juiste plek te kiezen, steenhouwers om deze uit te hakken, pleisteraars om de wanden glad te maken indien deze niet geschikt waren voor beeldhouwwerk, schilders om de benodigde teksten en afbeeldingen aan te brengen. En niet te vergeten dat enorme leger van priesters, dat nodig was voor dodendiensten na de bijzetting, het uitspreken van gebeden en zingen van heilwensen en toverspreuken. Een necropolis moet altijd een buitengewoon drukke plaats zijn geweest, waar horden mensen hun dagelijks werk hadden, met als geregelde hoogtepunten de bijzettingen van hooggeplaatsten en rijken, en een enkele keer een farao of ander koninklijk persoon.

Schedel met poreus beenweefsel *rond de linker oogkas en een gat in het schedeldak. Antropologisch Museum, Turijn.*

29

De *chet* wordt een *wi*

Al werd het leven in het hiernamaals nog zo mooi, rustig en aangenaam voorgesteld, toch was er niet één Egyptenaar die niet liever voortleefde tot een rijpe, oude dag. Oud worden in Egypte hing echter vaak af van de sociale positie van het individu. Wie rijk was kon als regel wel rekenen op een lang leven. Wie arm was en hard moest werken kon op niet veel meer dan vijfendertig jaar rekenen, en de vrouwen op nog minder, want die hadden alle risico's van kinderen te moeten baren. Maar zelfs een rijke ontkwam er nu eenmaal niet aan eerst een *chet*, een dode te worden om daarna dank zij de zorgen en de kunde van de balsemers te worden verwerkt tot een *wi,* een mummie, een keurig gewikkeld pakket in menselijke gedaante.

Met de dag waarop de *chet* een *wi* werd, begon de eigenlijke mummificatie. Van die dag af werd er met het lichaam een aantal handelingen uitgevoerd die beslist niet geschikt waren voor teerhartige figuren. Niemand van de familie kwam ermee in aanraking, want men had niets te maken in de mummificatiewerkplaats. Ze kregen het pakket thuisbezorgd als dat klaar was. Hoe dat pakket er uitzag, hing uiteindelijk van de betaalde prijs af.

Van de aan een balseming verbonden onkosten weten we gelukkig heel wat af dank zij de Griekse geschiedschrijver Herodotus ($\pm$ 450 v. Chr.), die een geschiedenis schreef over de toenmaals bekende wereld. Herodotus verbleef lang in Egypte en wijdde aan dat land heel wat woorden. Hij wordt ook wel eens, en terecht, de eerste journalist genoemd. Hij bleek een uitstekend reporter, die zeer gewetensvol opschreef wat hij zag, wat hij te weten kwam en wat men hem wenste te vertellen. Herodotus' verslag van een naar men aanneemt door hemzelf meegemaakte mummificatie geldt voor de tijd waarin hij leefde. Maar al kwamen er in de loop van de eeuwen waarin werd gemummificeerd veranderingen voor, in grote lijnen verliep het proces toch volgens een vast patroon, al was de mummificatie in de tijd van Herodotus een vrij commerciële aangelegenheid geworden. Er was veel verdwenen van de religieuze betekenis van mummificatie en begrafenis, die de balseming in Egypte's grote tijd waarde en betekenis gaf.

Van veel belang is voor ons dat Herodotus zo'n nuchter mens was. Hij geloofde niet in allerlei goden en was wars van ieder mystiek gevoel, waardoor hij zich nimmer verliest in speculaties van mysterieuze aard. Hij vertelt ons over de drie wijzen van balsemen, van uiterst luxueus tot en met uiterst eenvoudig, dus van heel erg duur tot redelijk goedkoop. Was er iemand in de familie overleden, dan maakte men aan de hand van mooi gemaakte voorbeelden van mummies in miniatuur een keuze, die bepaald werd door wat men wenste te betalen. Na het maken van de keuze werd het lichaam weggebracht, zoals al beschreven werd, waarna niemand van de familie het meer terugzag tot op de dag waarop de *wi* werd thuis bezorgd.

De duurste methode was meteen de meest ingewikkelde. In de mummiewerkplaats werd het lichaam op de balsemtafel geplaatst. De eerste handeling betrof het verwijderen van de voor de Egyptenaren niet belangrijke hersenen, want volgens hun opvattingen zetelden gevoelens en gedachten in het hart. Met een bronzen haakje peuterde men via een neusgat door de perforatie van het zeefbeen boven in de neus net zolang in de hersenholte tot men de inhoud daarvan in stukjes en brokjes naar buiten had gebracht. In tegenstelling tot alle andere menselijke onderdelen werden de hersens niet bewaard. De behandeling eindigde ermee dat de hersenholte goed werd uitgespoeld, waarna deze al dan niet werd opgevuld met in harsen gedrenkte pakkingen. Er bestonden ook nog andere methoden om de hersens te verwijderen. Een ervan was een paardemiddel. Men hakte kort en goed het hoofd van de romp en verwijderde snel en gemakkelijk de hersens via het achterhoofdsgat. Daarna bevestigde men het hoofd weer op de romp met een stok en het geheel werd stevig vastgebonden met windsels. Na het verwijderen der hersens en het behandelen van de hersenholte bestreek men het hele hoofd met een dunne laag verwarmde hars, omdat daar de ontbinding het vlugst en het onaangenaamst optreedt.

Daarna was het ogenblik aangebroken voor het maken van de incisie in de onderbuik, met een speciaal daartoe bestemd mes van obsidiaan of vuursteen en door een speciaal daartoe aangestelde man (volgens Diodorus de 'kliever' genoemd). Deze man werd volgens Herodotus bijzonder gehaat en geminacht vanwege deze aantasting van het menselijke lichaam. Maar hij was nodig, want alleen via die incisie konden ingewanden, maag en lever worden verwijderd door dezelfde man. De nieren liet men meestal zitten. De organen werden apart behandeld. Ze werden in een natronoplossing (van vier procent) gelegd tot ze goed gepekeld waren, gedroogd op rekken en vervolgens tot keurige pakjes verwerkt die later in de buikholte werden geplaatst. Dit was in afwijking van vroegere methoden. Aanvankelijk werden de ingewanden al dan niet in een oplossing in vier stenen vazen geborgen, de zogenaamde canopen. Weer later plaatste men de pakjes tussen de benen van de mummie.

Na het leeghalen en zorgvuldig uitspoelen van de buikholte met palmwijn, die vermengd was met diverse aromaten, maakte men een snede in het middenrif en haalde daardoor de longen weg, die eveneens werden 'gepekeld'. Het hart moest op zijn plaats blijven zitten en daarin is nooit verandering gekomen. Nu was het lichaam, na een zorgvuldige afdroging van het inwendige, gereed om te worden volgestopt met natron zodat het ook van binnenuit kon dehydreren.

Daarna volgde een uiterst zorgvuldige wassing van het hele lichaam, waarbij men kleine linnen tampons gebruikte om het af te drogen. Al het materiaal dat gebruikt werd bij de mummificatie, al was het nog zo vuil, werd zorgvuldig bewaard en het is vaak teruggevonden, zoals bij voorbeeld de doeken die de balsemers van Toetanchamon gebruikt hadden. Al dit afval werd altijd duidelijk gemerkt met de naam van de dode en apart begraven, meestal in de buurt van zijn graf.

Het lichaam was nu gereed voor de uiteindelijke dehydratie. Het werd op een mat neergelegd op de balsemtafel, die een beetje helde in de richting van de voeten, waar zich een half cirkelronde bak bevond, waarin het uit het lichaam afgescheiden vocht kon worden opgevangen. Over het hele lichaam heen werd nu een berg droge natron opgebouwd waaronder het geheel begraven lag. In de loop van ongeveer zes weken kon men er zeker van zijn dat het was uitgedroogd en gereed voor verdere behandeling.

Men kan zich afvragen waarom de oude Egyptenaren niet op het idee waren gekomen om van al die onsmakelijke behandelingen af te zien en het leeggehaalde en schoongemaakte lichaam gewoon te begraven in het hete zand dat zulke uitstekende

'Toeristenmummie' uit Qoerna. *Deze wordt geregeld aan bezoekende toeristen te koop aangeboden.*

resultaten opleverde. De kwestie zal wel zijn geweest dat die methode veel te lang duurde – een paar jaar minstens – en dat het dus moeilijkheden kon geven bij het terugvinden van het lichaam. En waarom gebruikte men altijd natron en niet het eigenlijk veel beter werkende zout, dat in Egypte zo rijkelijk voorhanden was? Natron was tenslotte duurder. Het moest van vrij ver komen en de transportkosten waren dus hoog. Maar natron vernietigde in een dood lichaam ook het aanwezige vet en dit kwam de mummie ten goede. Tevens werd natron van de vroegste tijden af als zuiverend beschouwd. De vondst van ontelbare tampons, doeken en potten met natron heeft iedere twijfel op dit gebied weggenomen: er werd nooit zout gebruikt.

Er is nog een tweede punt. Lang en vaak heeft men gedacht dat niet droge natron, maar een sterke oplossing werd gebruikt voor de dehydratie. De egyptoloog Dawson bij voorbeeld nam aan dat men het lichaam rechtop in een reusachtige pot vol natronoplossing zette, met alleen het hoofd er buiten. Dit had men dan overtrokken met een dikke laag hars om het goed te houden. Maar nergens in welk deel van Egypte ook zijn dergelijke potten of stukken ervan ooit gevonden.

Andere egyptologen dachten weer aan een soort immense bakken, waarin de lichamen in de oplossing bij elkaar lagen. Ze wilden daarmee verklaren hoe het kon dat zoveel mummies uit de Natijd soms een arm of been missen, terwijl andere met vier benen uit hun wikkels te voorschijn kwamen. Weer andere hadden stokken in plaats van ledematen. Dit was naar men meende alleen te wijten aan dergelijke methoden. Er is echter ook een andere verklaring. Juist in de Natijd komen dergelijke slecht behandelde mummies voor en dat was een tijd waarin het uiterlijk van de mummie belangrijker was dan wat er binnen de windsels school. Gewetenloze balsemers kunnen heel goed het natron meer dan één keer hebben gebruikt, zodat de grootste kracht er al uit was. Bovendien liet men de doden vaak zo lang liggen, dat ze in staat van ontbinding verkeerden als men ze in de natron legde.

Talrijke proefnemingen met natte en droge natron hebben er tenslotte toe geleid dat we wel moeten kiezen voor de methode met droge natron. Hoeveel duiven en kippen er niet in 'egyptologische' laboratoria gemummificeerd werden met meer of minder succes is niet bekend, maar deze waren het uiteindelijk die de doorslag gaven.

Als de dode vanonder zijn natronberg te voorschijn kwam werd hij voor de derde keer onder handen genomen op zeer zorgvuldige wijze. Alle vullingen uit het lichaam en alle met natron doortrokken tampons werden in grote potten gedaan en bewaard. Het lichaam zelf werd uiterst zorgvuldig van binnen en van buiten met veel water gewassen om de laatste natronsporen te verwijderen. Vervolgens werd het gedroogd met linnen doeken, die ook werden bewaard. Nu was het de beurt van de nagels om verzorgd te worden. Tijdens de natronbehandeling had men die met draadjes vastgebonden opdat ze niet verloren zouden gaan. Ze werden nu met henna rood geverfd. Ook de diverse lichaamsholten werden nu opgevuld om het lichaam er zo natuurlijk mogelijk te doen uitzien. Het was door de dehydratie letterlijk tot op het bot vermagerd. Dit kon tot speciale moeilijkheden leiden. Er zijn mummies gevonden van mensen die tijdens hun leven wanstaltig dik waren maar na hun mummificatie zo mager als ze behoorden te zijn. Alleen was de huid niet meegekrompen . . . Er zat dus niets anders op dan om daar letterlijk reven in te leggen en de hele zaak stevig in te wikkelen.

Voor het opvullen heeft men van alles en nog wat gebruikt. Hersenholten werden vaak via de ooropening volgegoten met vloeibare warme hars, die later stolde. Op röntgenfoto's zijn die harsmassa's duidelijk te onderkennen. Wat de lichaamsholten betreft had men het gemakkelijk in de tijd dat men er de pakketten met organen in terugbracht, want die vulden de zaak aardig op. Maar als die organen in canopenvazen zaten moest er iets anders gebeuren. Dan vulde men op met zaagsel, met gedroogd mos of met proppen linnen die in hars gedoopt waren. Zelfs heeft men bij een mummie uit de 12de dynastie ($\pm$ 1800 v. Chr.) ontdekt dat men een aardewerken kom onder het borstbeen had geschoven om dit mooi vooruit te laten staan zodat de borstkas gewelfd werd!

Een mummie die er zo 'levend' mogelijk uitzag moest natuurlijk ogen hebben, maar deze gingen altijd verloren tijdens het balsemproces. Er moesten dus kunstogen komen en die maakte men van een balletje stof waarop een iris werd geschilderd. Bij Ramses IV verving men die bolletjes door twee uien (!) waarop een oog was geschilderd. Eerst later kwam men ertoe kunstogen te maken van witte steen met een pupil van zwarte steen, wat een heel realistische indruk maakt.

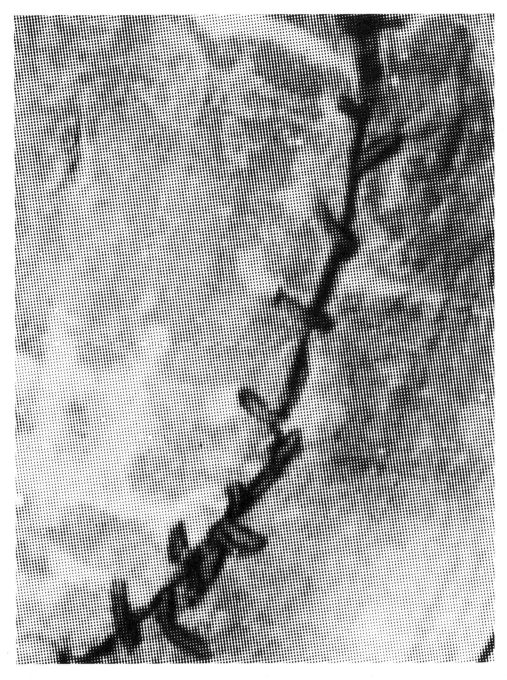

Incisie in de linker buikwand *van een mummie, netjes door de balsemers dichtgenaaid.*

Volgens het voorgeschreven balsemingsritueel moest nu de mummie worden behandeld met kostbare vette zalven, waarmee de huid soepel werd gewreven om de inwikkeling gemakkelijker te maken. Eerst werd het hele hoofd behandeld met myrrhe. Dan volgde de rug met dure olie. 'De rug moet even soepel worden als die op aarde was', zegt een tekst. Het masseren gebeurde volgens voorschrift niet met de blote handen, maar met een stukje in olie gedrenkte stof. Borst en buik mochten niet gemasseerd worden, want dan konden de pakkingen verschuiven en het mooie model van de mummie zou beschadigd worden.

Na al deze werkzaamheden moest ten slotte nog de incisie in de onderbuik worden 'afgewerkt'. Dat kon op vrij eenvoudige wijze gedaan worden door de randen van de snede tegen elkaar te trekken en er dan vloeibare hete was over uit te gieten die meteen stolde en de zaak stevig en afdoende sloot. Voor koningen had men een mooiere methode: op de snede werd een metalen plaatje gelegd, een lang ovaal of een rechthoek dat van brons en soms van goud was gemaakt. Zo'n plaat kon versierd zijn met een ingegraveerd *oedjat*-oog. Het oog van de god Horus. Een derde manier was om de snede overhands dicht te naaien met grof garen, maar dit kwam heel wat minder voor. Met het sluiten van de incisie was het ogenblik van het inwikkelen aangebroken.

33

Ingewikkeld mummiehoofd; *erachter het masker. Dit is de mummie van Pa-chered uit de Ptolemeïsche tijd (331-30 v.Chr.). Louvre, Parijs.*

Honderden meters zwachtel

En daar lag dan de *wi* geworden *chet* op de balsemtafel, wachtend op de eindbehandeling, die altijd minstens twee weken in beslag nam. Ervaren balsemers konden direct zien tot welke prijsklasse de mummie behoorde, duur, tweede soort of goedkoop. De eerste zag er zo 'levend' uit als bij de gevolgde methode maar mogelijk was, maar zelfs de tweede en derde klas mummies mochten er vaak wezen. Ook een tweede klas mummie was 'leeggehaald', maar dan op primitievere wijze, zodat er geen organen overbleven om in canopen geborgen te worden of in nette pakjes te worden bijgeleverd. Want bij de tweede manier had men afgezien van het maken van een incisie en het bewaren der organen. Men had bij deze behandeling via de anus het lichaam volgespoten met zogenaamde 'cederolie', die bedoeld was om de organen door de bijtende werking ervan op te lossen, waardoor ze na de natronbehandeling mét de olie konden weglopen door de afsluitende plug uit de anus te verwijderen.

De naam 'cederolie' was een mooie term voor een zure vloeistof die men verkreeg door de bast van jeneverbesstruiken te distilleren en dit vocht te mengen met terebintolie en teer. Ceders, al dan niet van de Libanon, kwamen er beslist niet aan te pas. Deze 'cederolie' was echter nog te duur voor de goedkoopste methode. Deze bestond er eenvoudigweg uit, dat men de darmen een lavement gaf met water of een ander spoelmiddel om deze te reinigen. Daarna ging het lichaam onder de natron en na zeventig dagen had men een heel redelijke mummie, die vaak houdbaar bleek tot onze tijd toe. Trouwens, ook de tweede methode leverde vaak 'goede' mummies.

De lege lichaamsholten, die niet met de gemummificeerde organen konden worden opgevuld, stopte men vol proppen linnen die in hars waren gedoopt, met zaagsel en zelfs wel met zand als de balsemers over weinig geweten beschikten.

Vreemd genoeg werd deze methode zelfs wel door vorstelijke personen uitgekozen. Koningin Asjet, de gemalin van farao Mentoehotep II (2040-2010 v. Chr.), werd op deze wijze behandeld, evenals prinses Majet, die gelijk met haar begraven werd. Vóór het inwikkelen van de mummie waren echter nog een aantal handelingen nodig. Tijdens het Nieuwe Rijk moest de mummie, zeker waar het het gezicht betrof, een soort plastische chirurgie ondergaan.

De neusgaten werden weer bol gemaakt met kleine propjes linnen, evenals de ingevallen wangen en eventueel de mond. Dit kon tot nare gevolgen leiden, zoals te zien is bij de mummie van koningin Henttawi uit de 21ste dynastie (1075-935 v. Chr.), die tijdens het opvullen van haar gezicht kennelijk nog niet voldoende gedroogd was. De wangen werden opgevuld met klei, en doordat na het wikkelen de huid nog kromp zijn de wangen gebarsten, wat nogal luguber staat.

Het gezicht kon opgemaakt worden door de kunstogen in te brengen en make-up te gebruiken, zoals rood voor de wangen en het duidelijk aanzetten van wenkbrauwen en oogranden. Soms werd de hele mummie beschilderd met een gele kleur voor de vrouwen en okerrood voor de mannen. En dan was het moment aangebroken voor het aanbrengen van de vele sieraden, die al dan niet persoonlijk bezit waren geweest of speciaal voor de begrafenis waren vervaardigd. Om de hals kwamen zware halskralen en kettingen van goud of kralen. In de oren werden oorhangers aangebracht. Ringen pronkten aan vingers en tenen, brede armbanden om de armen, kostbare banden om de benen. Eerst nadat alles klaar en deugdelijk geïnspecteerd was kon men met het inwikkelen beginnen, het werk van specialisten in dit vak.

In de balsemruimte was alles hiervoor klaargelegd, gesorteerd naar soort en in de juiste volgorde. De hoeveelheid textiel die te pas kwam aan de wikkeling is zeker verbazingwekkend. Van de zwachtels, breed en smal, van heel fijn tot grover linnen, waren honderden meters aanwezig. Het linnen dat hiervoor nodig was kon nieuw zijn, geleverd door speciale weverijen die de eindeloze linten naar maat afleverden, of men had repen gescheurd van de kleren van de dode. Ook kon men eer bewijzen via deze windsels door deze te maken van familielinnen waarop nog opschriften staan als 'Koning Mentoehotep'. Hier ging het dus om koninklijk linnen. Een andere maal stond er op 'Vereerd linnen uit de tempel van Amon', en zoiets was zéér kostbaar. In de tempels werden de godenbeelden altijd aangekleed, en als een beeld een nieuwe uitmonstering kreeg, kwam het oude vrij en werd, zijnde sterk magisch beladen, duur verkocht aan liefhebbers. Als aardige bijzonderheid moet nog worden vermeld, dat er windsels zijn gevonden waarop bijna uitgewiste wasnummers staan van de wasserij die dit familielinnen reinigde.

Dat het inwikkelen gepaard ging met eindeloze rituelen, gebeden en aanroepingen, spreekt natuurlijk vanzelf. Dit werd gedaan door de balsemers, maar ook door daartoe aangestelde priesters, die eveneens wezen waar bepaalde amuletten tussen de zwachtels moesten worden aangebracht. Tragisch is natuurlijk dat het juist deze vaak kostbare amuletten waren die de hebzucht van de grafrovers nog eens extra aanwakkerden. Ze scheurden dan de windsels kapot en braken soms de hele mummie aan stukken als de amuletten niet vlug genoeg gevonden werden. Hoeveel mummies op deze manier aan de vernietiging werden prijsgegeven is niet te schatten, maar menigeen moest er aan geloven, van de koningen af tot kleine ambtenaren toe.

Het inwikkelen begon bij de vingers, een zorgvuldig werk. Soms werden er na het zwachtelen gouden doppen over de vingers heengeschoven, zoals bij Toetanchamon werd gedaan. Ook mooie ringen werden over de zwachtels geschoven. Dan kwamen de tenen aan de beurt; elk ervan werd evenals de vingers apart ingewikkeld. De manier van inwikkelen van de armen was in zekere zin aan mode gebonden. De benen konden alleen gestrekt worden geplaatst. In het begin legde men de armen langs het lichaam met recht gestrekte handen, die bij de vrouwen op de dijen lagen, maar bij de mannen gekruist over de genitaliën – die apart werden gewikkeld – geplaatst werden. Vanaf de 18de dynastie werden echter de handen over de borst gekruist gelegd. Praktisch alle farao's van de 19de en 20ste dynastie werden op die manier ingewikkeld. De handen lagen dan op de schouders en konden de emblemen van het koningsschap vasthouden, de kromstaf en de gesel. Een heel enkele keer lag slechts één arm gekruist en de andere gestrekt. In later tijd keert men ineens weer terug tot de houding met gestrekte armen, met enige variatie bij de vrouwen. De gestrekte handen liggen óf tegen de buitenkant van de dijen óf tegen de binnenkant. De handen van de mannen bedekken als vroeger de geslachtsdelen. Van die tijd af volgen de varianten elkaar sneller op. In de periode van de Ptolemeeën (323-30 v. Chr.) kiest men weer voor gekruiste armen, en ten tijde van de Romeinen voor de gestrekte armen. Na het plaatsen van de armen kon het grote werk beginnen en dit was allesbehalve gemakkelijk, want de zwachtels moesten stevig worden aangetrokken opdat ze niet konden glijden en daardoor losraken, wat bij een naar beneden smaller toelopend lichaam gauw kon gebeuren. Vooral het hoofd vereiste grote zorg, want dit moest zoveel mogelijk gelijkenis met de levende behouden. De volgorde van de toe te passen zwachtels en waden was nauwkeurig voorgeschreven. Het magische getal 7 speelde hierbij een belangrijke rol. Zeven waden werden gebruikt en de zwachtels en amuletten gingen ook vaak in een veelvoud van zeven.

De waden waren als regel enorm groot: 120 bij 450 cm. Ze werden bij het begin en het einde om de mummie gewikkeld. De overtollige stof werd aan hoofd- en voeteneind stevig vastgeknoopt, waarna er weer banden omheen kwamen – in de lengte én in de breedte – om alles stevig te verankeren. Bij het wikkelen van het hoofd werden soms vele kleine tampons van linnen meegewikkeld, die ieder de naam van een bepaalde godheid droegen. Ook amuletten werden hierbij rijkelijk gebruikt. De windsels hadden goed houvast, doordat men ze telkens

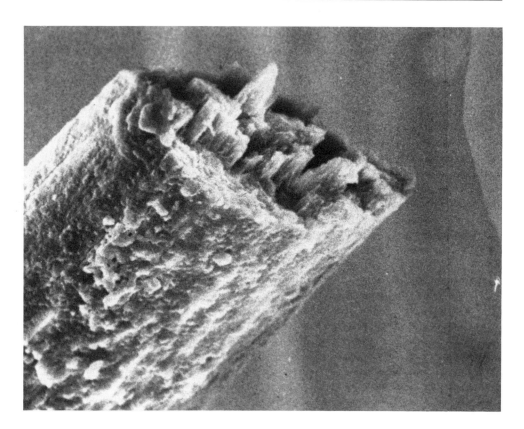

met een slag om de hals vastzette, zodat er niets kon verglijden.

Dat er zelfs bij de vervaardiging van mummies op zijn tijd wel eens vreemde dingen voorkwamen, ondervond de archeoloog Winlock, die bij het uitwikkelen van een mummie de kleine skeletjes van twee muizen tussen twee lagen bandages vond. Hoe kwamen die daar? De enige verklaring is, dat buiten medeweten van de balsemers – misschien 's nachts als de mannen naar huis waren – die muizen waren aangetrokken door de zoete geur van de harsen en zich al knabbelend een weg hadden gebaand naar het interieur van de mummie. Toen de mannen de volgende dag terugkeerden, zagen ze kennelijk het knabbelgat niet en de volgende wikkels sloten het gat keurig af!

Om alle windsels steviger te maken en beter op hun plaats te houden werden ze gedrenkt in vloeibare hars, terwijl men ook nog geregeld de hele massa met gom overstreek. Vandaar dat het hele windselpakket meestal een vaste massa vormde.

Wanneer de hele mummie klaar was en de laatste wade was aangebracht, werd deze roodgeverfd na van achteren te zijn dichtgenaaid. Dit was de zogenaamde Osiris-wade. Over hoofd en schouders van de mummie werd dan het mummiemasker, in de gelijkenis van de dode in geïdealiseerde vorm, geplaatst.

Breukvlak van een haar van een mummie uit ca. 4000 v. Chr., gefotografeerd na rehydratie.

Van deze mummiemaskers zijn schitterende voorbeelden bekend, zoals dat van Toetanchamon, dat van massief goud is en nog altijd de mummie bedekt, die ligt opgebaard in de stenen sarcofaag in het graf van de jonge koning. De mummie was nu wel klaar, maar er bleef een grote massa rommel over, die wel vies was, maar toch magische krachten bezat en dus niet zomaar kon worden weggegooid. Alles werd bijeen gegaard en opgeborgen in grote aarden potten. Zelfs het opveegsel van de vloer werd netjes ingepakt, want het was altijd mogelijk dat daar een stukje nagel, opperhuid of een haar van de overledene tussen zat! De potten werden op enige afstand van het graf apart begraven in een soort klein grafje. De balsemingsmaterialen van Toetanchamon, opgeborgen in twaalf grote potten, zijn zeer bekend geworden. Dank zij het opgraven van die potten wist Howard Carter dat de jong gestorven farao inderdaad in de Vallei der Koningen was begraven. Het ging er maar om de plaats te vinden. Alleen aan Howard Carters doorzettingsvermogen hebben we het te danken dat de vondst van dat kleine, volgestouwde en vrijwel ongestoorde graf mogelijk was!

Wand in het graf van Païri. De dode en zijn vrouw in aanbidding voor Osiris; optocht en dodenceremonieën. Onderaan de pelgrimsvaart naar Abydos. In de tweede baan onderaan links het reinigen van de mummies, meer naar rechts het ritueel van het openen van de mond en andere herrijzingsriten. Qoernah, Thebe-West.

De mummie wordt het graf ingedragen, 19de dynastie, in Qoernet Moerai te Thebe-West. Voorafgegaan door een wierook offerende priester dragen vier mannen de mummie naar de grafkamer. Graf van Amenemone te Qoernet Moerai, Thebe-West.

De lange weg naar het graf

Eindelijk was dan toch de dag aangebroken waarop de gereedgekomen mummie aan de aarde kon worden toevertrouwd, in het graf dat al zo lang voor zijn of haar ontvangst klaar was. De mummie lag weer op het mooie staatsiebed in de vorm van een langgerekte leeuw. Aan het hoofdeinde, dat iets hoger was dan het voeteneinde, bevonden zich twee leeuwekoppen; de twee staarten bogen zich vanaf het voeteneinde in een sierlijke boog over de mummie. De poten van het bed eindigden in leeuweklauwen. De priesters riepen de laatste rituele kreten: 'Gij herleeft! Gij herleeft voor eeuwig. Gij zijt weer jong, gij zijt opnieuw jong voor eeuwig!' Daarna konden ze zich naar de familie begeven om te vertellen dat de mummie klaar was en de begrafenis kon plaatshebben. En dan begon een tijd van grote drukte.

Nu kunnen we wel aannemen dat de familie al eerder een seintje had gehad, want er moest heel wat worden gedaan. Het opstellen van de begrafenisstoet moet heel wat moeite hebben gekost. Alle familieleden, vrienden en kennissen moesten een uitnodiging hebben en ze moesten de tijd hebben om te kunnen komen. Voor een begrafenis van een mummie-eerste-klas was de stoet eindeloos lang. In de vroege ochtend vertrok men van het sterfhuis naar de steiger aan de Nijl van waaruit de overvaart naar de westelijke oever zou plaatshebben. Het lawaai dat de stoet begeleidde, moet groot geweest zijn, want het waren niet alleen de vrouwen en kinderen die jammerden en gilden. Een familie van enige betekenis zorgde ervoor een groot aantal klaagvrouwen te hebben besteld, die nog veel harder konden jammeren en gillen, die meesterlijk konden schreien, de borsten stukkrabben, haren uittrekken en effectvol met modder en stof een gezicht konden bewerken. Zulke vrouwen zakten soms in elkaar, steunden elkaar en voerden aldus een prachtig kijkspel op. Allen droegen de voorgeschreven grijsblauwe rouwkleding en verdrongen zich om de nog lege lijkkist, die onder een katafalk op een slede stond, welke door een aantal ossen werd voortgetrokken. Het moet een stoffige boel zijn geweest, gezien de niet al te beste wegen van die tijd. Het vooruitzicht die loodzware slede naar de in de woestijn gelegen necropolis te moeten slepen was niet bepaald plezierig en moet menigeen bezwaard hebben, want al waren er paden, dat woestijngebied was nogal geaccidenteerd en lag vol stenen. En omdat het graf vaak in een heuvel was uitgehouwen, kwam daar nog eens het omhoog slepen van die zware kist bij, wat echter nog niets was vergeleken bij het karwei van de afdaling in het graf langs een betrekkelijk smalle gang en vaak over steile trappen die in de rotsen waren uitgehakt.

Wie zelf via de eindeloze trappen en hellende gangen van de koningsgraven uit de 18de en 19de dynastie tot in de diepe grafkamer is afgedaald, beseft pas wat dit betekend moet hebben voor hen die met het vervoer van de sarcofaag belast waren. Een farao lag bovendien niet in slechts één, maar in een heel nest van kisten, waarvan er één van massief goud kon zijn, zoals bij Toetanchamon het geval was. Bovenal mocht er bij het transport geen enkele fout begaan worden, want dat zou groot ongeluk betekenen.

De stoet is vaak met een verhuizing vergeleken en in feite was het dat natuurlijk ook. De dode verhuisde immers met zijn hele aardse hebben en houden van zijn huis op aarde naar zijn Huis voor de Eeuwigheid, zoals het graf genoemd werd. Vandaar dat de stoet opende met een aantal bedienden die prachtige boeketten droegen van fris geplukte blauwe lotusbloemen, opgemaakt met veel groen blad. Degenen die volgden droegen grote bladen met eten: broden en koeken, groenten van allerlei soort, rauw en gekookt, fruit, enorme stukken gebraden vlees en hele kalfs- en runderkoppen die wel gegrilld zullen zijn geweest. Geroosterde vogels van allerlei soort, vaak in aparte kistjes verpakt die de vorm van het vleesstuk hadden, moesten ervoor zorgen dat de dode in het hiernamaals kon genieten van een uitstekende maaltijd, zoals hij altijd gewend was geweest.

Op de bedienden met voedsel volgden die welke grote kruiken met wijn en bier

droegen, maar ook mooie vazen met dure oliën en cosmetica. Na hen kwamen de mannen met het meubilair: tafels en stoelen, bankjes en voetenbankjes, kisten en kasten, dozen en bladen vol linnengoed en kleren. Had de dode een rijtuigje op twee wielen bezeten, dan reed dit ook mee. Een aparte groep vormden zij die de persoonlijke bezittingen meedroegen: sieraden van goud, ingelegd met siersstenen en glaspasta in tere kleuren, wapens voor de jacht, wandelstokken, eventuele scepters, waaiers en vliegenkwasten, soms speelgoed uit de kinderjaren van de dode en een enkel familiesouvenir. Een speciale plaats was ingeruimd voor hen die de canopenkist droegen en de kisten met oesjebti's, een groot aantal beeldjes, die voor de overledene moesten werken indien ze daartoe in het hiernamaals zouden worden opgeroepen. Dan volgden de vazen en vaatwerken, van albast en brons, hardsteen of fijn aardewerk, waarmee later de plengoffers zouden worden uitgegoten. Paletten en inktpotjes, rietpennen en penselen en schrijfplankjes, in combinatie met schminkpaletten en make-updozen wisselden af met de lange wandelstokken zonder welke geen Egyptenaar zich op straat begaf.

Na al die mooie en vaak uitermate dure voorwerpen volgde er één dat er vreemd en zelfs ietwat luguber uitzag. Dat was de eveneens op een slede voortgesleepte *tekenoe*, een vormloos ding, soms voorzien van een even vormloze kop, bestaande uit een met stro opgevulde dierehuid. Wat die *tekenoe* nu precies geweest is, weten we niet. Mogelijk was het een soort zondebok die alle door de dode bedreven kwalijke daden op zich nam en hem daarmee zuiverde voor het tweede leven. Het was een oeroud gebruik, stammend uit de verre prehistorie. De 'zondebok' zou later worden geofferd, samen met de ossen die zijn slede voorttrokken. Men ziet er ook wel eens een soort sublimatie in van de mensenoffers die heel lang geleden plaatshadden, maar die al snel zuiver symbolisch werden. Ze bleven het langst voortbestaan in het verre Nubië, dat echter altijd een sterke Egyptische beïnvloeding onderging. Na de *tekenoe* volgde vaak ook een goedgelijkend beeld van de overledene, dat eveneens op een slede werd voortgetrokken.

En dan volgde als laatste de grote slede met de lijkkist onder de prachtige, kleurige katafalk, die bestond uit een geraamte van houten latten waaraan geborduurde gordijnen waren opgehangen welke gemakkelijk konden worden weggeslagen om bij de lijkkist te kunnen. Deze katafalk stond op een bootvormig voetstuk met aan weerskanten beelden van Isis en Nefthys.

Zodra de kop van de stoet de steiger bereikte, begon men zich in te schepen op een aantal boten die hiervoor gereed lagen. Het mooiste schip was bestemd voor de katafalk met de lijkkist en de twee beelden, die in tegenwoordigheid van de *sem*-priester die het hele ritueel leidde naar de overkant voeren. Dit schip werd getrokken door een fikse sleepboot met grote bemanning. Op de sleepboot stond een grote hut, en op het dak daarvan verzamelden zich de nog altijd tekeergaande klaagvrouwen, die nu hun gebaren en kreten richtten tot de boot met de katafalk.

Langzaam voer de vloot van schepen de Nijl over tot aan de steiger aan de overkant. Daar ging alles en iedereen aan land te midden van een soort kleine kermis die er plaats had. In de kraampjes namelijk kon men inderhaast nog allerlei begrafenisartikelen kopen, waarvan gebruik werd gemaakt door hen die daartoe nog geen gelegenheid hadden gehad, want hier op de westoever voegden zich vele mensen, die daar hun werk hadden, bij de stoet.

En dan trok de stoet door het welige groene akkerland, op weg naar de woestijn aan de voet der Thebaanse bergen. Die tocht ging redelijk gemakkelijk, maar als de weg door de woestijn begon te lopen kwamen de moeilijkheden al snel. De slede met de katafalk kon niet langer dienst doen. De ossen werden uitgespannen. Eerst trokken de mannen de slede nog een eindje voort, maar het bleek al gauw duidelijk dat men de katafalk beter zelf kon dragen. Nu liep de *sem*-priester, gekleed in de panterhuid, voorop, sprenkelde wijwater en offerde brandende wierook. Dan arriveerde de stoet eindelijk bij de balsemwerkplaats bij het graf, waar alles gereed stond voor de laatste rituele handelingen met de mummie. De lijkkist werd van de katafalk getild en neergezet. De mummie werd er in gelegd en het deksel gesloten, waarna de kist rechtop werd gezet, steunend tegen de stèle voor het graf waarop de goede daden van de dode gebeiteld stonden. Het belangrijkste moment van de bijzetting was aangebroken. De dode, die nog altijd een stijve mummie was, moest het leven terugontvangen door de activiteiten van de *sem*-priester, hierbij de intermediair. Het was het moment voor het ritueel van het openen van de mond.

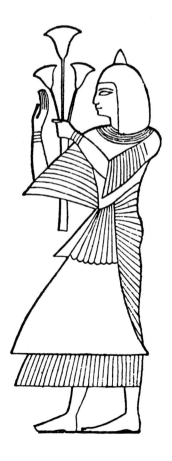

Ramses IX. Mummievormig als Osiris. Uit zijn graf in de Vallei der Koningen bij Thebe-West.

Het openen van de mond

In het oude Egypte, waar de samenleving doortrokken was van religie en magie, bestond er te midden van honderden ceremonieën van allerlei soort en op velerlei gebied niet één die zo belangrijk was voor de individuele mens als de rituele handeling die bekend stond onder de term 'het openen van de mond'.

Nu kan men bij het horen van die naam op vreemde gedachten komen. Werd van een mummie dan werkelijk de mond met geweld geopend, zoals men zou kunnen opmaken uit door de aanschouwer niet begrepen afbeeldingen? Het is wel zowat de opvatting van de doorsneegids in Egypte, die toeristen 'verklaringen' geeft van wat daar allemaal met die ongelukkige mummie gebeurde. We kennen zelf de uitdrukking 'breek me de bek niet open', die weinig elegant is, maar wel duidelijk. Volgens de gidsen gebeurde dat in het faraonische Egypte dus letterlijk, en menigeen zal wel een rilling van afschuw hebben gevoeld bij het idee van een dergelijke lijkschennis.

De waarheid is gelukkig heel anders. Het openen van de mond was een diepzinnige en fijnzinnige ceremonie om de dode te doen herleven. Een ceremonie bovendien die uit de grijze oudheid stamde en langzaam geëvolueerd was tot de ingewikkelde handelingen die plaatshadden vanaf het Nieuwe Rijk, dus ongeveer vanaf 1570 v. Chr. Het belangrijkste instrument dat bij dit ceremonieel gebruikt werd – en dat men ziet op iedere afbeelding die met mummificatie te maken heeft –, is een soort kleine dissel waarmee de vaak als Anoebis uitgedoste priester de handelingen verrichtte. Moeten we er nog bij zeggen dat de priester met dit instrument nooit daadwerkelijk en met geweld de mond opende? Het was wél bestemd om er rituele bewegingen mee te maken.

De ceremonie van het openen van de mond vond meermalen plaats en had niet alleen betrekking op de mond, maar op alle openingen van het hoofd: oren, neus en ogen. De rite moet dan ook vrij lang geduurd hebben en er bestaan genoeg afbeeldingen van om er een idee van te geven, al zijn er wel diverse varianten wat betreft de details. In het kort komt het openen van de mond hierop neer: de gevolgen van de mummificatie moeten ongedaan worden gemaakt. De mummie moet weer 'levend' worden en het gebruik van zijn organen en ledematen terugkrijgen. Hij moet weer kunnen ademen, praten, zien en horen, eten en drinken en zijn armen en benen kunnen bewegen. De belangrijkste taak van de *sem*-priester is, dit te bewerkstelligen.

Tot aan het Nieuwe Rijk werd deze ceremonie in een soort tot dit doel opgerichte rouwkapel verricht. Daarna heeft hij plaats vóór het graf zelf, eer de mummie in zijn sarcofaag in de diepte wordt neergelaten. Door het openen van de mond is de dode er zeker van dat zijn ziel rustig het graf kan verlaten en er weer kan terugkeren. Omdat de ceremonie tijdens het Nieuwe Rijk zijn meest volledige vorm bereikt, wordt daarvan een beschrijving gegeven. Een van de allermooiste afbeeldingen hiervan bevindt zich in het graf van Rechmire te Thebe. Vóór het Nieuwe Rijk waren de ceremonieën in de rouwkapel nog betrekkelijk eenvoudig, maar zodra ze worden uitgevoerd vóór het graf zelf zijn ze langdurig en ingewikkeld, wat onder andere wordt veroorzaakt door het tweemaal uitvoeren van iedere handeling, eenmaal voor Beneden-Egypte en eenmaal voor Boven-Egypte. Tenslotte heette het rijk niet voor niets De Twee Landen.

Zoals al gezegd, er waren varianten op de handelingen. Soms werd de mummie weer uit de kist getild en rechtop op een zeer klein zandheuveltje bij het graf neergezet. Een andere keer werd hij opnieuw op het dodenbed geplaatst in liggende houding. Voor de aanwezigen was hiermee het hoogtepunt van de begrafenis aangebroken en tevens het verlossende moment van te weten dat er nu gauw een einde zou komen aan de schier eindeloze rouwperiode, die voor veel mensen toch een onaangename tijd moet zijn geweest. In zekere zin keerde ook voor hen het leven weer terug, nadat iedereen had deelgenomen aan het begrafenismaal.

Bij de begrafenis van een zeer hooggeplaatst en dus rijk iemand was een groot aantal

Papyrustekening met grafritueel.
Linksboven: klaagvrouw en priester die het ritueel van het openen van de mond uitvoeren voor de mummie van Neb-ged.
Erachter: het graf met de schacht naar de grafkamer, waarin de ba-vogel naar de grafkamer vliegt. Het graf heeft verscheidene kamers met de mummie, de grafuitrusting, etc. Boven de grafkamer herrijst de dode met de rijzende zon.

priesters aanwezig. Natuurlijk had de *sem*-priester de voornaamste rol, maar men moet ook de leespriester niet vergeten, die tot taak had uit de door hem meegebrachte papyri allerlei teksten voor te lezen. De *sem*-priester was altijd iemand uit de priesterschap van Ptah uit Memphis; daarop wees de door hem gedragen panterhuid. Priesters van andere goden vertegenwoordigden hun eigen priesterschappen indien de dode erg belangrijk was. Een belangrijke rol kon eventueel ook de zoon van de overledene spelen. Dat was dan symbolisch Horus, de zoon van de Osiris die de dode geworden was.

Bij het openen van de mond was een groot aantal rituele voorwerpen vereist, waar-

onder de reeds genoemde dissel de belangrijkste was. Ook konden er verscheidene dissels zijn indien er een heel uitgebreid ritueel plaatsvond. Er waren ook kleine zagen nodig om te 'openen', evenals vele kostbare vazen voor plengoffers en het sprenkelen van wijwater. Gewijde sjerpen lagen naast messen van vuursteen en potten met zalven. Het belangrijkste voorwerp na de dissel was een gouden vinger. Wierook, wijn, wijwater stond eveneens gereed voor gebruik tijdens de plechtigheden. Een voorwerp dat er soms ook bij lag, was een houten ossepoot, die de plaats innam van een echte poot, afkomstig was van een ter plekke geofferde os, die ook zijn hart moest afstaan voor de ceremonie.

De ceremonie begon ermee dat de dode eerst gereinigd werd met wolken wierook en vele libaties. Had men een rund met de stoet meegevoerd, dan was nu het moment om dit te doden, te slachten en de benodigde onderdelen apart te leggen. En dan was het grote ogenblik aangebroken. De *sem*-priester kwam naar voren en maakte met de dissel de vereiste gebaren. Daarna nam hij de zaag op en werkte daarmee. Dan kwam de gouden vinger aan de beurt, die naar de mond werd gebracht. Dat was het moment waarop de dode in het hiernamaals wederom tot leven kwam. Symbolisch at hij van de hem na de ceremonie toegereikte druiven en hij nam een slok wijn uit een

Mummies in het graf van Nebenmaät, 19de dynastie. Beide mummies liggen in hun sarcofagen (in lijn weergegeven). Links brandt een godheid wierook in een op de knieën gehouden pot. Deir el-Medina.

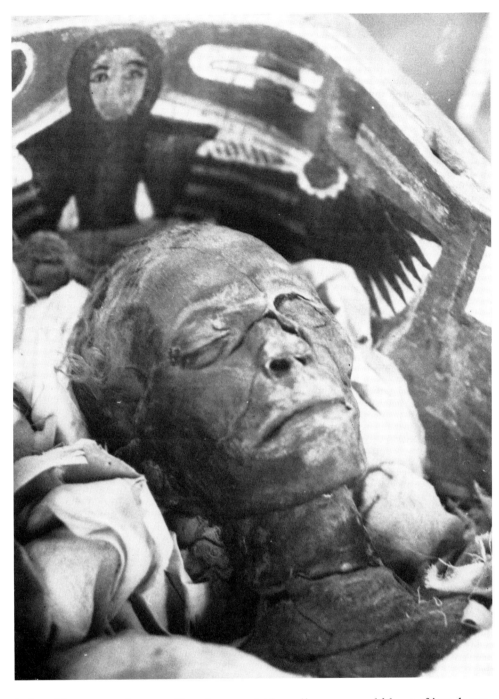

Mummie uit de Natijd. *Binnen in de sarco-faag schildering van een zielevogel, frontaal gezien, hetgeen ongebruikelijk is in de Egyptische kunst. Gregoriaans Museum, Vaticaan.*

beker. Met een struisveer – die ook gemaakt kon zijn van verguld hout of iets dergelijks – werd hem lucht toegewuifd en daarmee haalde hij weer adem. De dode kon nu deelnemen aan het begrafenismaal waartoe hij werd uitgenodigd, nadat hij voor de zoveelste maal gezuiverd was met wierook en overgietingen met wijwater. Hadden de gasten en de dode de maaltijd op, dan trad de *sem*-priester nog eenmaal naar voren en raakte met de dissel de mond van de mummie nog eens aan. Dit was zijn laatste handeling. Hij kon zijn spullen bijeen rapen en vertrekken met alle andere priesters. De gasten vertrokken na afscheid te hebben genomen van de familie. De familie keerde apart naar huis terug. Nu was er alleen nog werk voor de met het definitief sluiten van het graf belaste mannen. Eerst moest natuurlijk de loodzware lijkkist in het diepe graf worden neergelaten bij het licht van op de bodem geplaatste olielampjes. Hiertoe kon de kist omlaag gedragen worden door een benodigd aantal mannen, waarbij iemand voorop liep met een wierookbrander, maar het kon ook dat er stellages werden opgericht die het werk vergemakkelijkten met takels en dergelijke, zoals in de Natijd werd gedaan. Als de kist eenmaal stond, moesten de voorwerpen voor het leven in het hiernamaals rondom worden neergezet, ieder op de eigen voorgeschreven plaats, waar ze de sterkste magische uitwerking hadden. Nadat dit was gebeurd, kon eindelijk de metselaar aantreden die het graf op deugdelijke wijze moest afsluiten zodat de dode veilig tot in lengte van dagen kon blijven liggen, in de zekere wetenschap dat er niets was nagelaten om hem het eeuwige leven te bezorgen. Dat de wereld ook boeven bevatte, die zonder enige eerbied voor de dood graven zouden openen en beroven en mummies zouden uitwikkelen en vernielen, kon ieder natuurlijk wel weten, maar mogelijk schoof hij zulke nare gedachten maar van zich af, ofschoon er wel degelijk teksten bestaan die van minder hoop op de toekomst getuigen.

Het spreekt vanzelf dat niets zoveel garanties voor de hemelse toekomst gaf als grote rijkdom. De arme sloeber die in een oud matje gerold onder het zand werd begraven, had heel wat minder van die toekomst te hopen dan de farao die met alle op dit gebied ten dienste staande middelen zijn Huis van de Eeuwigheid betrok. Op zijn best kon die arme hopen dat zijn naam vermeld zou staan in het graf van zijn meester. Hij deelde dan in alle voordelen zoals offers, gebeden, ceremoniën en de rest.

Wie rijk was kon zich bij voorbeeld verzekeren van teksten om hem in het hierna-maals te beschermen. In het Oude Rijk waren dergelijke teksten nog voorbehouden aan de koningen. Ze werden aangebracht op de wanden van kamers en gangen in de piramiden. Dit zijn de zogenaamde 'piramidenteksten'. In het Middenrijk kwamen dergelijke ook ter beschikking van particulieren en ging men ertoe over ze aan te brengen op de binnenwanden van de lijkkist. Deze worden 'coffinteksten' genoemd, naar het Engelse woord voor doodkist. In het Nieuwe Rijk gaat men over tot een geheel andere vorm. Dan komen uit de oude teksten de zogenaamde dodenboeken tot stand die, op een papyrusrol geschreven en voorzien van vaak magnifieke illustraties, aan de dode in zijn kist worden meegegeven. De dodenboeken zijn een verzameling toverformules of bezweringen waarmee vooral het herleven van de mummie bewerk-stelligd wordt. Ze helpen mee bij het tot stand komen van een goed verblijf in het rijk van Osiris.

Een kostbare, maar uiteraard zeer effectieve handeling was het maken van een pel-grimsreis naar de heilige stad Abydos, waar zich het graf van Osiris bevond en waar zijn hoofd door Isis gevonden werd. Ze had reeds alle andere stukken van de ver-moorde koning bijeengezocht en vanzelfsprekend volgde hieruit dat zijn graf in die stad kwam. Wie dicht bij Abydos woonde had het helemaal goed. Dan kon men rusten in de buurt van de dodengod en deelnemen aan alle offers en rituele handelin-gen die te zijner eer in Abydos werden gevierd. Wie echter ver van Abydos stierf stond een andere mogelijkheid ten dienste, die ook heel wat goedkoper uitviel dan bij voorbeeld de vaart over de Nijl naar Abydos van een in Thebe heersende farao, wiens mummie eerst naar Abydos werd gebracht om dan weer terug te gaan naar Thebe, of eventueel naar Memphis wanneer dat de hoofdstad van het land was.

Wie minder rijk was dan een farao of hoge ambtenaar liet voor zichzelf een stèle van steen maken waarop de naam en positie van de dode vermeld stonden. Per schip bracht men deze stèle naar Abydos, die daar dan werd opgesteld in de tempel. Het was een heel wat goedkopere methode dan de echte pelgrimage, die veel moet hebben gekost, maar toch altijd nog veel te duur voor de gewone man.

Mummiehoofd. *Deze zwaar beschadigde mummie kan tegen vergoeding door toeristen worden bezichtigd.*

Vignet van de Papyrus Jumilhac.
Het vignet stelt de jaarlijkse ceremonie van de Ontluikende Osiris voor. Op deze wijze herdenkt men in de wereld der levenden de opstanding van Osiris. De mummie van Osiris is hier in ityphallische toestand ingewik-keld en begroeid met korenaren. Beelden van Osiris, ingezaaid met graan dat in het graf ontkiemde na besproeid te zijn, werden aan de dode meegegeven.

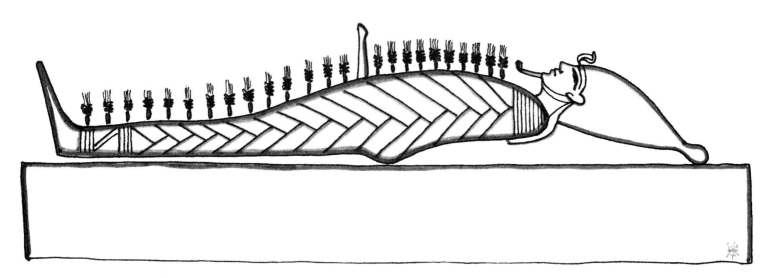

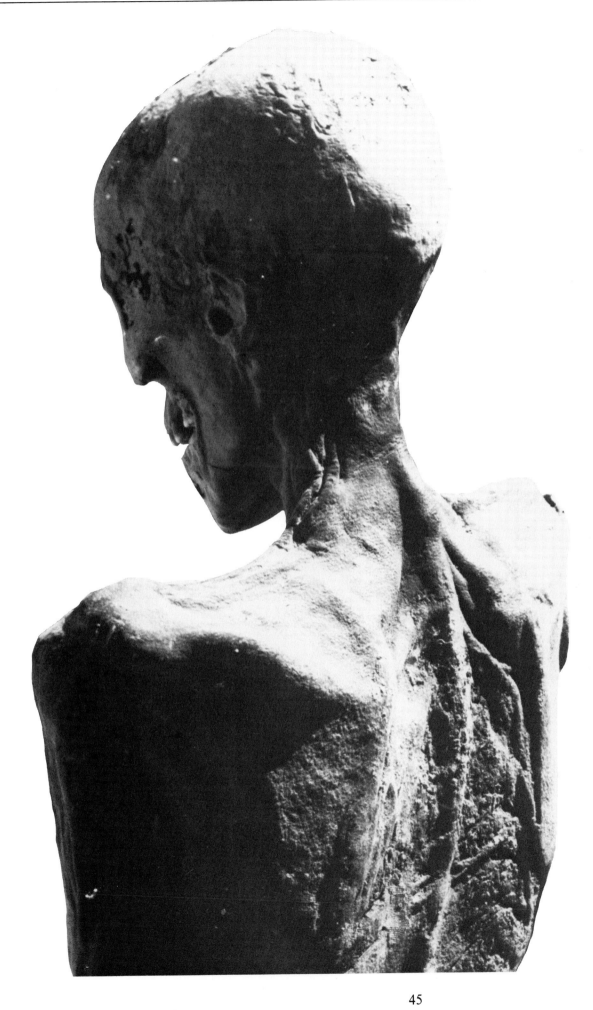

Werkers rond de begrafenis

Hoeveel mensen er hun brood moeten hebben verdiend met het behandelen, vervoeren en bijzetten van mummies is niet te schatten. Zeker is, dat een groot deel van de kosten rond een dure begrafenis in hún zakken terechtkwam. In de eerste plaats waren er de steenwerkers, die het graf moesten uithakken in de rots, om het daarna te versieren met reliëfs en schilderingen. Dan waren er al die mensen die belast waren met minder aangename werkjes als vervoer van de dode en zijn mummificatie. Priesters waren er in overdaad nodig en iedere priester had natuurlijk helpers. Dan waren er de mannen die sarcofagen of lijkkisten van hout en steen maakten, en anderen die deze moesten versieren. Het samenstellen van boeketten en bloemversieringen voor de offers was een vak op zichzelf.

Indirect verdienden er ook vele anderen hun brood met de dood van hun mede-Egyptenaren. Het vergaren en vervoeren van natron was hun werk. Het maken van baren, dodenbedden, katafalken, sleden, canopenvazen en -kisten en opvouwbare of uitneembare bouwseltjes voor de balseming waren het werk van vakmensen. Er waren wevers die de dunne grote rouwsluiers voor de treurende vrouwen vervaardigden, en anderen die de witte linten weefden, welke iedereen die in een begrafenisstoet meeliep behoorde te dragen. Die linten werden om het voorhoofd gebonden en in de nek vastgestrikt. Weduwen hadden haarnetten nodig en treurvrouwen wijde, gemakkelijk te scheuren rouwkleding. Daarnaast moet de vervaardiging van zwachtels een goede industrie zijn geweest.

Het begrafenismaal en al het voedsel voor de dode zal wel zijn klaargemaakt door de koks van de familie. Dit maal, en zeker het dodenmaal dat in het graf werd meegegeven, moest met de grootste zorg worden bereid, want dat moest ten slotte tot in lengte van dagen gegeten kunnen worden. Dat dergelijke maaltijden zeer copieus waren, bewijzen de resten die geregeld gevonden zijn. Er is bij voorbeeld het beroemde grafmaal van de dame-zonder-tanden uit de 2de dynastie, dat in ongeschonden toestand door Emery werd gevonden in Sakkara. Op een groot aantal borden stond voor deze dame het volgende uitgestald: een bord gerstebrij, een duivenpastei, gebraden kwartels, een keurig driehoekig broodje, gebraden lendestukken en bouten van een vette os, een aantal vissen, vijgencompôte, honingtaartjes, kaas en wijn. Voorwaar geen kleinigheid voor een oude dame. Maar er zat een heel navrant kantje aan het geheel: de arme dame kon door haar slechte gebit slechts aan één kant een beetje kauwen en ze moet in haar leven hevige pijnen hebben geleden gezien de toestand van de hier en daar door ontstekingen geperforeerde kaken.

Zij die het genot smaakten om levend en wel te mogen deelnemen aan het maal na de begrafenis hadden het beter, zelfs al was een groot deel van het meegebrachte voedsel in de eerste plaats bestemd voor de dode, voor de goden en voor de priesters. Het restant bleek echter ruimschoots voldoende te zijn voor de gasten, zeker bij de begrafenis van een farao. We weten dat uit wat de gasten overlieten na de bijzetting van Toetanchamon. Bij de potten met de overblijfselen van de mummificatie bleken er ook resten te zijn van het begrafenismaal: afgekloven botten van ossen en vogels, borden, schotels en flessen. Kennelijk mocht het daarbij gebruikte servies voor niets anders gebruikt worden. Vandaar dat de kwaliteit ervan niet al te hoog was.

Het begrafenismaal moet ontspanning hebben gebracht na alle drukte en inspanning van de bijzetting. Men genoot ervan op de binnenhof van het grafcomplex of, indien daar niet genoeg ruimte was, in een van de vele optrekjes langs de weg die daar bij een dure begrafenis waren opgebouwd. Het maal nam, dank zij de aanwezigheid van muziek en dans, vaak zéér ontspannen vormen aan. Harpenaars zongen liederen over het heerlijke hiernamaals waar de dode nu verkeerde: 'De westenwind komt recht op u af en dringt in uw neus binnen. Ge wordt rein om de zon te kunnen zien. Al uw ledematen zijn volmaakt en ge zijt gerechtvaardigd voor Ra. Gij zijt nu duurzaam bij Osiris en ontvangt offeranden en wordt gespijzigd als op aarde.'

◁
Mummies van een man en een jongen, *als griezelobjecten aan toeristen vertoond.*

Maar er waren ook liederen met een meer filosofische achtergrond, die soms een dreigend karakter konden aannemen: 'Hoeveel graven zijn vervallen! Hun offeranden worden niet meer gebracht en het brood ligt onder het stof. Geniet dus van uw leven in het hiernamaals.'

Dansen vormde een belangrijk onderdeel van het ritueel. Nog altijd denkt men vaak dat zo'n begrafenisdans wel statig en ernstig zal zijn geweest. De talloze afbeeldingen op dit gebied hebben ons wel anders geleerd! Hoog gaan de benen als bij de beroemde Franse cancan de lucht in. De danseressen zijn halfnaakt en werken met wilde bewegingen. De dansen zijn vaak geweldig acrobatisch en moeten dus heel wat studie en oefening van de (beroeps)danseressen geëist hebben.

Dat er bij het begraven van de armen nimmer dergelijke festiviteiten plaatsvonden spreekt bijna vanzelf. Hún bijzetting was meestal vrij luguber, vooral wanneer ze in een massagraf werden 'geplaatst'. Dergelijke graven zijn gevonden, onder andere in het Assasif te Thebe. Zo'n massagraf lag altijd open. Een dun laagje zand bedekte de begraven mummies. Eén grafput voor de armen telde niet minder dan zestig lagen mummies . . . Maar zo arm kon een mens nog niet zijn of hij of zij kreeg nog iets mee: een paar versleten sandalen van dadelblad, één of meer werktuigen voor het werk in het hiernamaals, een goedkoop amuletje, een tijdens het leven gedragen armoedig sieraadje. Dat aan een dergelijke begrafenis nooit betaalde krachten te pas kwamen, valt te begrijpen. Zoiets kon men zelf wel klaarspelen.

De mensen die hun brood met begrafenissen verdienden waren meestal georganiseerd in een gilde, of vakbond zo men wil. Ze waren machtig genoeg, want niemand kon hen missen. Als ze naar hun mening niet voldoende loon voor hun arbeid kregen, konden ze heel lastig worden en ze zullen zeker hun mond niet hebben gehouden over de echte of vermeende gierigheid van de familie voor wie ze gewerkt hadden. Ook onderlinge ruzies over verdeling der verdiensten kwamen geregeld voor.

In de Natijd werd het begraven meer en meer een ongeregelde zaak. De mummies werden niet meer direct na het gereedkomen begraven, maar men nam deze mee naar huis en borg ze daar op tot er genoeg geld aanwezig was om de begrafenis met alle bijkomende onkosten te laten verzorgen. Mummies uit deze tijd tonen dit vaak overduidelijk aan. Ze zagen er toen ook anders uit dan tijdens de bloeitijd van de mummificatie. De inwikkeling was vaak perfect en mooier dan ooit. Soms legde men kleine plaatjes goud in de regelmatige vakken die ontstonden door een bepaalde manier van inwikkelen. In plaats van het over hoofd en schouders gestulpte masker gebruikt men in deze tijd het zogenaamde mummieportret. Dit was een (vaak treffend goede) afbeelding van de dode, die kennelijk reeds tijdens zijn of haar leven werd vervaardigd. Het portret staat op een dun houten plankje en werd aangebracht met gekleurde wasverven die in kleine toetsjes tegen elkaar werden gezet, zo ongeveer als bij een pointillistisch schilderij. Bij gereedkomen ging men er even voorzichtig met een heet metalen plaatje overheen. Daardoor smolten de wasverven en liepen ze in elkaar. Er zijn schitterende mummieportretten gemaakt. De mooiste kan men in de musea vinden en vooral Cairo bezit heel mooie. Deze portretten hingen in huis aan de muur tot ze nodig waren om ingewikkeld te worden met de mummies, zodat het gezicht als het ware in de windsels gebed ligt. Als de mummie erg lang moest wachten op bijzetting kwam dit een en ander natuurlijk niet ten goede. Vaak stond de mummie in de woonkamer van het gezin, 'leefde mee' met de familie en 'at' met hen tijdens de maaltijden. Andere mummies stonden in een speciaal vertrek en waren daardoor veilig. Maar er waren ook huizen waar de mummies gewoon buiten stonden tegen een muur, en dat is duidelijk te zien. De lemen muren lieten er tijdens een regenbui moddervlekken op na. Vogels streken er op neer en lieten er hun uitwerpselen op achter. Een oliekruik viel om en de vette vlekken kropen tussen de windsels omhoog. Ingebrachte ogen vielen er uit en werden niet vervangen. Ze kregen een trap en een duw, vielen om of verloren een deel van hun verguldsel. Als het al te bar werd nam men wel maatregelen. Er werd eens een neus bijgemaakt, een gat gedicht, en een verbleekt of beschadigd mummieportret wat bijgeschilderd.

Een andere merkwaardige zaak was dat zo'n mummie borg kon staan voor schulden of leningen. Wie geld nodig had kon naar een geldschieter gaan en de mummie van zijn moeder of vader aan hem geven als onderpand. Een dergelijke schuld werd altijd ingelost. Een mummie van broer of kind was weer goed om in te leveren bij een schuldeiser die erg lastig werd. Dat getuigde van goede wil en werd altijd geaccepteerd. Tenslotte wenste niemand zijn familieleden het eeuwige leven te onthouden.

Detail van de mummie op de vorige foto. *De incisie in de linker buikwand was door de balsemers netjes dichtgenaaid. Het grote gat in de buik is een beschadiging veroorzaakt door grafrovers in later tijd.*

Mode in 'vleesverslinders'

Na alle moeite en onkosten die men er voor over had om de dode zo goed mogelijk te beschermen, spreekt het vanzelf dat het omhulsel van deze mummie eveneens met uiterste zorg vervaardigd moest worden en ook dat hing natuurlijk weer nauw samen met de prijs ervan. Sarcofagen – letterlijk: vleesverslinders – en mummiekisten moeten duur tot heel duur zijn geweest. Wat een gouden kist als die van Toetanchamon gekost moet hebben is nauwelijks te berekenen. Het goudgewicht ervan bedraagt 110 kilo! Dat machtiger en grotere farao's dan hij nog veel mooiere gouden kisten hebben gehad, lijkt waarschijnlijk, maar er bestaan helaas geen bewijzen voor. Al die kisten werden uit hun geplunderde graven gestolen en natuurlijk zo snel mogelijk omgesmolten om alle bewijzen uit te wissen. Hetzelfde gold voor gevonden sieraden en voorwerpen. Die hadden betrekkelijk weinig waarde zoals ze waren, en wie dat goud zo snel mogelijk kwijt wilde smolt het dus om, na de stenen en andere inlegsels verwijderd te hebben. Gouden maskers ondergingen hetzelfde droeve lot.

Dat een voorwerp als doodkist of sarcofaag in de loop van minstens dertig eeuwen een evolutie doormaakte is begrijpelijk, zelfs in een zo conservatief land als het oude Egypte. Er heeft dan ook duidelijk mode bestaan in deze 'vleesverslinders'. In de heel vroege 1ste (3100-2900 v. Chr.) en 2de dynastie (2900-2750 v. Chr.) was de houten kist in verband met de foetale houding, waarin de dode door sterke, strakke windsels werd gehouden, kort en breed, soms bijna vierkant. De kist werd zo in het graf neergezet en het zand er overheen geschept. Maar al gauw vond men dat een (goddelijke!) farao, en later ook zeer hooggeplaatste en dus invloedrijke lieden, iets meer verdiende dan zo'n simpele bijzetting. Zulke mensen kregen een stenen sarcofaag om de houten kist in op te bergen. Als men de dode in gestrekte houding gaat neerleggen verandert vanzelfsprekend het model van de kist, die nu lang en smal wordt en waaraan grote zorg wordt besteed. Koningin Hetep-heres, de moeder van Cheops, bezat een prachtige sarcofaag van doorschijnend wit albast. Cheops zelf deed het alweer heel wat duurder. Hij liet uit het verre Aswan zwart graniet komen en daarvan een eenvoudige, onversierde kist maken, die nu nog in de grote pyramide staat. Chefren, van de tweede pyramide bij Gizeh, volgde dit voorbeeld, maar zijn kist werd ingelaten in de bodem. Gedurende het Middenrijk (2040-1786 v. Chr) komt er een verandering, in zoverre dat men de kist gaat versieren. De vorm blijft rechthoekig; er zijn vaak twee kisten die in elkaar passen, en er komen banden met inscripties, één aan de buitenkant rondom de kist en één aan de binnenkant. Tot de belangrijkste versiering, behoren de twee ogen op de lange kant links van het hoofd van de mummie. Het is de bedoeling dat de dode via deze ogen contact met de buitenwereld kan behouden en zien wat daar gebeurt. De twee ogen zijn altijd op het oosten gericht en de kist moet dus zo worden neergezet dat dit het geval is. De opgaande zon in het oosten was altijd weer een heerlijk en troostrijk verschijnsel, dat men niet wilde missen. Onder de ogen bevond zich een zogenaamde schijndeur, een reeks in elkaar passende rechthoeken, waardoor de *ba* van de dode de kist kon verlaten en binnengaan. Deze *ba* moest ook het beeld van de dode, staande in de zogenaamde *serdab*, tot leven wekken. De *serdab* was een klein vertrek in de wand, waar twee gaatjes waren aangebracht waardoor de ogen van het beeld naar de wereld en de eeuwigheid konden blikken.

Op de naar het westen gekeerde lange zijde van de kist stonden gebeden aan Anoebis gericht, en op de korte eindstukken stonden Isis en Nefthys. Het deksel tenslotte was versierd met een van het hoofd tot de voeten reikende reeks hiërogliefen met een gebed tot Anoebis en soms Osiris.

In het Nieuwe Rijk (1570-1075 v. Chr.) komt er een echt belangrijke verandering. Dan verdwijnt de rechthoekige vorm om plaats te maken voor de zoveel bekendere mummievormige kist met vaak prachtige portretten van de dode zoals men zich hem in een ideale vorm voorstelde. De 'schouders' krijgen een gebogen vorm die de schou-

Binnenzijde van een sarcofaag. *Detail. De hemelgodin Noet tegen een achtergrond van sterren. Boven haar hoofd driemaal het symbool van de ring die de eeuwigheid vertegenwoordigt. Saïtisch, ongeveer 600 v.Chr. Louvre, Parijs.*

ders van de mummie omvatten, en vaak zit aan de binnenkant hier een afbeelding van de *ba*-vogel, met gespreide vleugels het hoofd omvattend.

De mummievormige kist verschijnt al iets eerder dan in het Nieuwe Rijk, namelijk tijdens de 17de dynastie omstreeks 1600 v. Chr. in Thebe en is flink groot en van een vaak enorm gewicht. Dikwijls is het lichaam versierd met het prachtige *risji*-patroon (*risji:* Arabisch voor veren), dat in reliëf of geschilderd is aangebracht. Later schildert men de kist als een afbeelding van de dode, een soort van meer dan levensgroot portret. Het gezicht heeft vaak een dromerige uitdrukking. De kist is de buitenste van een 'nest'. Daarbinnen ligt de tweede, redelijk goed passend in de eerste en nog mooier versierd. De dode draagt dan een grote pruik. De derde kist tenslotte sluit nauw om het lichaam van de mummie en is soms niet van hout. Het betreft dan een zogenaamde cartonnage. Die kunnen we het beste vergelijken met een prachtig versierd gips voor een gebroken been. Om de mummie heen worden repen in vloeibaar

Basalten sarcofaag. *De kop van een zware sarcofaag uit de Delta. Eerste helft van de 2de eeuw v. Chr. Allard Pierson Museum, Amsterdam.*

Deksel van een mummiekist, *19de dynastie. Louvre, Parijs.*

Cartonnagemasker. *Gemaakt van lagen textiel en gips. De dode draagt een diadeem en om de hals een scarabee. Op de borstplaat religieuze scènes; bovenlangs Osiris met Anoebis, Ra, Isis, etc.; onderlangs de dode op een baar waaronder een canope, Anoebis staat erachter, een plengvaas voor de baar. Links en rechts wordt de voorstelling afgesloten door Horus in mummievorm. Romeinse tijd. Louvre, Parijs.*

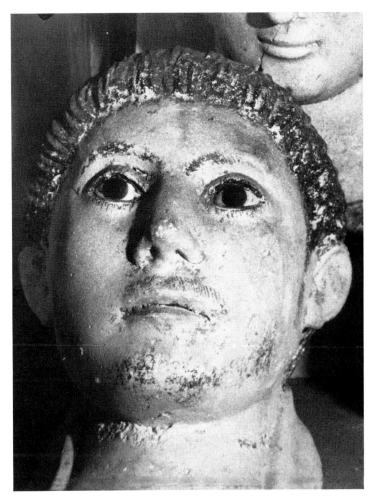

Mummiemasker van stucco, *een portret van de dode met ingelegde ogen, een ringbaard en kleine snor. 3de eeuw na Chr. Louvre, Parijs.*

Mummiemasker van een jongeman. *Stucco. Natijd. Museum van Cairo.*

Sarcofaagkist van Ramses III *(1198-1166 v.Chr.). Rood graniet. De sarcofaag heeft de vorm van de koninklijke cartouche en is versierd met reliëfs van episoden uit de nachtelijke tocht van de zonnegod door de onderwereld. Aan het hoofdeinde rechts Isis. De afbeeldingen zijn uit het* Boek der Poorten. *Louvre, Parijs.*

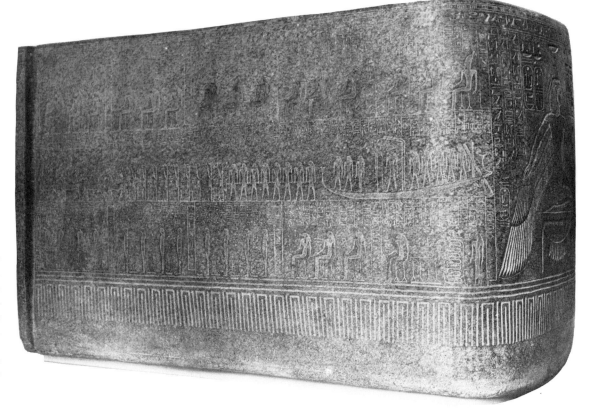

gips gedrenkt linnen aangebracht, die later hard worden. Als de cartonnage goed hard is, wordt deze beschilderd en soms verguld of met goud opgehoogd.

Omdat de *ba* overdag vaak afwezig was en dan in het donker terugkeerde en de weg terug naar de mummie moest zoeken, wat zelfs voor een ziel niet zo eenvoudig lijkt te zijn, werd er over hoofd en schouders van de ingewikkelde mummie een zogenaamd dodenmasker gestulpt. Dit geïdealiseerde, maar toch gelijkende portret moest de *ba* de weg wijzen, want hij kon tenslotte niet dóór de windsels kijken en de mummie aan zijn echte gezicht herkennen.

Andere kleinere 'modeverschijnselen' doen zich voor bij de aan de oppervlakte liggende windsels van de mummie. Een hiervan loopt in de lengte over het hoofd naar de voeten. Deze was geel gekleurd en liep verticaal als de mummie rechtop stond. Er stonden de namen en de titels van de dode op en een gebed tot de hemelgodin Noet. Iedereen wist dus met wie hij te maken had, of men nu van menselijke of goddelijke oorsprong was zoals een farao. De horizontale buitenwindsels waren vier in getal en eveneens geel gekleurd. Er stonden gebeden op tot Thot, Anoebis en de vier zonen van Horus: Hapi, Amset, Doeamoetef en Kebehsenoef. Door het wikkelen bevonden er zich een soort paneeltjes tussen de kruispunten. Deze werden opgevuld met *oedjat-ogen* en figuurtjes van goden. De kist die een dergelijke mummie bevatte was normaal zwart, met de versieringen en teksten in goudgeel. Een mooi voorbeeld van een dergelijke kist is die van Joeya in het museum van Cairo. Deze kisten werden gebruikt in de 18de en 19de dynastie van 1570-1200 v. Chr.

In de 20ste en 21ste dynastie (1200-935 v. Chr) kwam er een ander soort kisten, dat zich onderscheidt door grote kleurigheid en vaak buitengewoon mooie en ingewikkelde beschilderingen. Bonte kleuren wemelen op een goudgele ondergrond en soms wordt er zelfs van een vrij vlak reliëf gebruik gemaakt om bepaalde details te accentueren. Over de borst lopen kruiselings rode en gele banen als een soort linten; er staan talloze gebeden op en aanbiddende figuurtjes die zich tot de aangeroepen goden wenden.

De binnenkant van zulke kisten is ook al beschilderd, vaak op een witte ondergrond. Op de bodem rust de godin Noet, die de mummie beschermt, een *ba*-vogel buigt zich rond het hoofd. Iedere vrije ruimte is versierd met symbolen zoals de *djed*-zuil, het *anch*-teken en een aantal *oedjat*-ogen.

Van de 22ste tot en met de 26ste dynastie (935-525 v. Chr.) worden de kisten ineens ondieper en kleiner, van de 26ste tot en met de 30ste (525-343 v. Chr.) heel opvallend te breed, te kort en met veel te grote gezichten. Er zijn vooral onder de stenen sarcofagen buitengewoon imposante voorbeelden, waarbij de steen meesterlijk is bewerkt, maar het model blijft lomp. Ze hebben geen uitwendige handen meer zoals in het Nieuwe Rijk gebruikelijk was. De afbeelding van Noet op de bodem wordt aangehouden, maar reeds kondigt zich een nieuw model kist aan: het oude rechthoekige model – in deze tijd inspireert men zich graag op de grote kunst van het Oude en Middenrijk –, maar dan met een ietwat gebold deksel en omhoog stekende hoekpoten.

En zo komen we ten lange leste terecht bij de Romeinen, die in Egypte hun doden op 'Egyptische' wijze lieten begraven. Er was nog een mummie – niet zo'n erg beste meer in deze tijd van commercieel begraven –, die gekleed wordt in 'echte' kleren van 'karton'. Vrouwen kunnen er heel elegant uitzien in gedrapeerde linnen of zijden gewaden, met goud versierd, zoals een heel mooi voorbeeld in het Allard Pierson Museum in Amsterdam toont. Een afwijkende vorm van het mummiemasker is dan een gipsen masker met een lang borststuk aan de voorkant, waarop de handen rusten die soms een bosje bloemen, vooral rozen, vasthouden. Aan het hoofdeinde is een portretkop van de dode aangebracht, naar het zich laat aanzien goed gelijkend, soms met ingelegde ogen van steen en brons voor wimpers en wenkbrauwen.

Het in de binnenste kist leggen van een mummie kon complicaties opleveren als deze voor bepaalde rituelen rechtop moest worden gezet. Men onderving dit op handige wijze door met de laatste windsels een plankje – de zogenaamde mummieplank, vol inscripties uit de verschillende dodenboeken – vast te snoeren. De mummie was dan veel hanteerbaarder. Om deze in de sarcofaag op zijn plaats te houden werd hij op de bodem bevestigd met verwarmde en dus vloeibare hars, een middel dat ook werd toegepast bij het definitief sluiten van het deksel, dat met een aantal houten pinnen keurig sloot in de gaatjes die daartoe in de onderkant van de kist waren aangebracht.

Mummieportret van een Griekse vrouw. *Gevonden te Hawara, Fajoem, door W.M.F. Petrie in 1888. Het dateert uit ongeveer 90 AD. De vrouw draagt oorhangers, halssnoeren en een haarspeld. Museum van Cairo.*

Mummieportret van een jongeman. *Wasverven op hout.*

Mummiemasker met borststuk. *Cartonnage
uit de Natijd. Een goed voorbeeld van de
zeer bont en druk beschilderde cartonnages,
vol symbolen als onder andere de gevleu-
gelde scarabee en oedjat-ogen. Ook de
mummie op de baar is onderaan vertegen-
woordigd, evenals de vier canopen. Privé
collectie.*

Mummieportret van een Griekse jongeman,
*gevonden in de Fajoem. 2de eeuw na Chr.
Metropolitan Museum, New York.*

Waren de sarcofagen nu werkelijk zulke 'vleesverslinders' als de naam suggereert? Dat hing grotendeels van de kwaliteit van de ingelegde mummie af, maar er vielen toch slachtoffers in die stenen gevangenis. Onderzoek van vele mummies toonden aan dat er poppen van vliegen tussen de windsels zaten, dat er torren werden meegewikkeld benevens talloze andere insekten. Erg zindelijk zal een mummiewerkplaats wel nooit geweest zijn als men met balsemen bezig was.

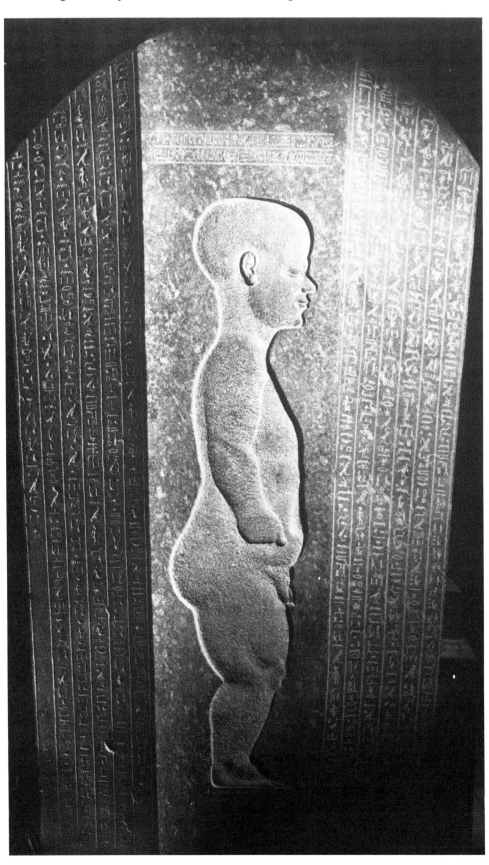

Deksel van de sarcofaag van een hooggeplaatste dwerg, *de danser Poewin-hetef, die in de Natijd leefde. De sarcofaag is van graniet en vormt een prachtig voorbeeld van een perfecte decoratieve oplossing van tekst en portret. Museum van Cairo.*

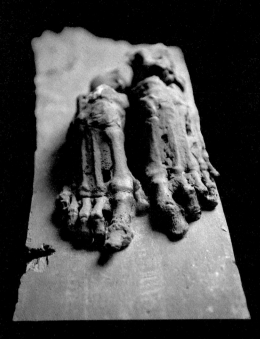

Voeten van een mummie. Natijd; dergelijke mummiefragmenten worden sinds honderden jaren aan toeristen verkocht. Medisch Museum Zakakini, Cairo.

Mummiekop, met bladgoud overdekt. Natijd. Antropologisch Museum, Turijn.

Mummiekop van Thoetmoses IV, de 'jager in de woestijn' en 'dromer bij de sfinx'. Museum van Cairo.

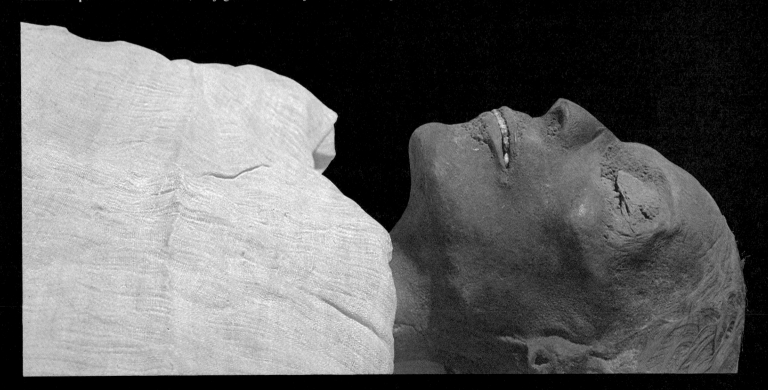

Vazen voor organen

Zonder organen kan geen mens in leven blijven of zelfs maar bestaan, en datzelfde gold voor de mummies, al werd er in de late Natijd – toen het begraven een commercie was geworden – nog wel eens de hand mee gelicht. De zo nuttige organen hadden dus recht op een zorgvuldige behandeling en een keurige opberging. Tegelijk met het mummificeren van het lichaam had dus de bewerking plaats van bepaalde organen: darmen, maag, longen en lever. Een heel enkele maal werden ook de nieren gebalsemd, maar het hart, het centrum van het lichaam en het gevoelsleven, bleef in het lichaam zoals het er na de mummificatie uitzag. Het werd nooit apart behandeld om het extra goed geconserveerd te houden.

Zo weinig spraakzaam als de oude Egyptenaren waren betreffende het mummificeren, zo breedsprakig zijn ze als het onderwerp 'organen' ter sprake komt. 'Dus . . . plaats de ingewanden (*inwendige organen*) in een vaas van fayence die zalf bevat van de Kinderen van Horus, opdat (*deze*) zalf van de god het goddelijk lichaam doorweekt. Want de ingewanden worden wederom tot leven gebracht door het vocht dat uit het goddelijk lichaam stroomt. Gij zult hierover dezelfde formule nog één keer uitspreken, terwijl gij *(de ingewanden)* doet rusten in een vaatwerk, totdat men deze opnieuw gaat zoeken.'

De 'vazen', of eigenlijk het vaatwerk dat de archeologen de naam van canopen of canopusvazen hebben gegeven, stonden gereed in de mummificatiewerkplaats om gebruikt te worden na het werk. De uit de lichaamsholten gehaalde organen moesten namelijk een hele bewerking ondergaan eer ze definitief onbederfelijk waren geworden. Goed uitspoelen na het uithalen was natuurlijk een eerste vereiste, want al wist men niets van rottingsbacteriën en de rest, men wist wel dat er niets zo snel bederft als juist die organen en dat grote reinheid dus vereist was. Na het spoelen gingen de organen in de droge natron, en na een dag of veertig – niet langer

Mummie van de Griek Artemidoros, *uit Thebe, 3de eeuw v.Chr. British Museum, Londen.*

want dan vergingen ze – waren ze goed uitgedroogd en konden opnieuw worden gespoeld, ditmaal om de laatste resten natron te verwijderen. Daarna werden ze in de zon gedroogd, mogelijk op grote rekken. Was dat gebeurd dan volgde een behandeling met verwarmde gomhars, en was die afgekoeld dan kon de inwikkeling volgen. Er waren dan vier pakjes, die ieder in hun eigen vaas gelegd moesten worden.

De canopen danken hun merkwaardige naam aan de stad Canopus, die gelegen was bij een van de Nijlmondingen aan de Middellandse Zee, daar waar nu de moderne oorlogshaven Aboekir ligt. In die stad aanbad men in de Griekse tijd van de Egyptische geschiedenis een beeld van Osiris, in de vorm van een kruik die was afgesloten met een grote dop in de vorm van het hoofd van de god. Daaruit ontstond het begrip 'canope' voor een vaas die met een mensenhoofd werd afgesloten en die een van de vier voor de organen gebruikte vaatwerken was, in dit geval voor de maag.

De drie andere canopen hadden dierekoppen als deksel: de baviaan Hapi was er voor de tot een langwerpig pakje opgevouwen dunne darm, de valk Kebehsenoef beschermde de netjes opgerolde lever, de jakhals Doeamoetef zorgde voor de longen, en de maag werd dus toevertrouwd aan de god Amset met het mensenhoofd. Samen vormden de vier goden het kwartet dat bekend staat als de 'zonen van Horus'. De deksels werden met gips vastgezet op de vazen, zodat de organen er luchtdicht in lagen. In wezen zijn de canopen dus niet anders dan kleine doodkistjes die bepaalde onderdelen van het menselijk lichaam bergen.

Canopen konden van diverse materialen gemaakt worden. Er zijn er van aardewerk, kalksteen en harde steen, en de mooiste zijn van fraai albast. Zoals er een mode bestond bij sarcofagen, zo bestond er ook een voor canopen, die soms merkwaardige vormen konden aannemen.

In de 3de dynastie (2750-2680 v. Chr.)

bevatte een tweede, naast de eigenlijke sarcofaag staande doodkist de canopen. In de 5de dynastie (2565-2420 v. Chr.) staat de in vier vakken verdeelde canopenkist naast de sarcofaag in het graf en vormt er eigenlijk één geheel mee.

Koning Djoser (2750 v. Chr.) liet mogelijk zijn canopenkist plaatsen in het daartoe bestemde zuidelijke graf bij zijn reusachtige grafcomplex rond de bekende trappenpiramide bij Sakkara. De eerste echte canopenkist is die van koningin Hetep-heres, de moeder van Cheops, en de vier pakketjes met haar organen zaten er nog in, zij het opgelost in een zwarte natronoplossing. Deze

canopenkist was van hetzelfde prachtige albast als haar sarcofaag. Later begon men de canopenkist van hout te maken, dat dan werd beschilderd en versierd. Ook de elegante canopenkist van Toetanchamon is van hout, maar dan bedekt met zwaar goudbeslag dat met reliëfs werd versierd.

Duidelijke verandering in de gebruiken zien we in de 21ste dynastie. De gedroogde organen werden met hars bestreken, met natron bedekt en dan ingewikkeld, waarbij men een beeldje mee verpakte dat van was of klei was gemaakt. Die beeldjes waren in dat geval de vervangers van de nu niet lan-

Oesjebti van een aap. *Hout, 27 cm hoog. 18de dynastie. Resten van beschildering zijn nog aanwezig. Privé collectie.*

Amset-canope, albast, *voor het bewaren van de maag. Ca. 1400 v. Chr. Rijksmuseum Meermanno-Westreenianum, Den Haag.*

59

Mummiemasker van goud op stucco. Natijd. Museum van Cairo.

Cartonnage van stro, klei en stucco. Deze cartonnage vormt een merkwaardige doodkist, want hij werd gemodelleerd op het naakte lichaam van de dode vrouw. De stucco werd bont geschilderd en verguld, zodat een feestjapon ontstond. De handen zitten vol juwelen. Op de borsten gouden borstplaten. Hiermee wil de dode weergeven dat ze eeuwig jong en vruchtbaar wil blijven. 2de eeuw n. Chr., gevonden in Achmim. Allard Pierson Museum, Amsterdam.

Zilveren sarcofaag van Psoesennes I (1054-1009 v. Chr.). Afkomstig uit Tanis; om het voorhoofd een gouden band en een gouden uraeus. Museum van Cairo.

Magie voor het tweede leven

Als een mummie kon voelen en denken – en geen Egyptenaar twijfelde daar ooit aan –, hoe moet dan zijn inwikkeling tot een stevig pakket op hem zijn overgekomen? Heel onaangenaam, dat staat wel vast. Want in de toekomst lokte zijn 'tweede leven' in een nieuwe wereld, die erg veel leek op zijn eerste, maar dan wel met talrijke verbeteringen. Een wereld van stralend licht, maar ook dreigende donkere schaduwen, een wereld van geluk en vrede, maar ook van een zware strijd om zo'n begerenswaardig iets te veroveren. Een wereld kortom die de schone naam 'Het oord van de stilte' droeg. Eerst zou de dode heel veel moeten doen, maar daarna zou hij of zij de 'krans der rechtvaardiging' ontvangen. En om dat te bereiken was het afwerpen van de hem tot bewegingloosheid dwingende windsels een eerste vereiste.

Wie en hoe was een dode voor hen die achterbleven, al dan niet met groot verdriet? En hier staat dan één feit vast: Egypte kende niet in zo sterke mate de angst voor de overleden mens, omdat die namelijk wel eens een spook, een zombie, een boze geest met gruwelijke invloed op de levende mens zou kunnen worden. Voor de Egyptenaar bleef de dode een familielid, in zekere zin nog altijd gebonden aan dit leven en in ieder geval met alle anderen van zijn familie tot in het verre verleden toe. Een dode was zeker van een liefdevolle behandeling voor zover dat binnen de mogelijkheid van de achtergeblevenen lag. Zelfs de allerarmste kon daar zeker van zijn, ofschoon het er in de vervelende praktijk wel vaak op neer kwam dat een graf werd vergeten, dat er geen offers meer werden gebracht, dat hij weggleed uit de herinnering der anderen. Maar dan waren er altijd nog de hulpmiddelen: voedsel en drank in natura of voor 'eeuwig' afgebeeld op de wanden van sarcofaag en graf; er was een papyrus in de kist die alle hulpmiddelen voor de gang door het hiernamaals bevatte, en ook op de wanden stonden die afgebeeld.

De wens van de dode was om op aarde te kunnen blijven rondwandelen zoals hij altijd had gedaan, en dan beslist niet om een bedreiging te gaan vormen voor hen die daar in levende lijve aanwezig waren. Voor hen vormde hij geen bedreiging, integendeel, hij was – ook als dode – zeer vreedzaam en zeer levenslustig; waarmee al een groot deel van de beruchte 'vloeken van farao's' naar het rijk van de fantasie wordt verwezen, evenals spokende mummies. Zolang een dode niet werd vergeten door zijn familie in de meest uitgebreide zin van het woord, kon hij met hen een gastmaal houden tijdens een dodenfeest, en het was dan de dode die als gastheer optrad. Deze gewoonte bestaat in Egypte overigens nu nog altijd, al is men islamiet of Kopt.

Was de Egyptenaar dan helemaal niet bang voor de dood of liever voor het sterven, waarbij men een grote donkere poort doorging? Natuurlijk was hij het wél. Hij koesterde schrik en afschuw voor de dood, omdat daarmee een einde kwam aan het op aarde zo aangename leven. Maar ze wisten eveneens deze angst te overwinnen door een heel speciale kijk op het fenomeen 'dood', een zeer diepzinnige en unieke kijk.

In Egypte wordt iedereen dagelijks geconfronteerd met de verhouding leven-dood; dat brengt het land met zich mee. Er is een levenschenkende rivier, de Nijl, die zorgt voor groene akkers langs de oevers en een reusachtige en zeer vruchtbare delta langs de kust. Maar er is ook de woestijn, de Libische en de Arabische, die deze duizenden kilometers lange oase insluit, en die woestijn is dood, eindeloos groot en geen mens kan het er uithouden. De groene Akker sluit met een scherpe lijn aan de meestal gele woestijn. Dan is er de zon, de levenbrengende kracht. Die zon staat 's morgens op – dat dit iedere dag weer gebeurde was een groot wonder waar je nooit helemaal zeker van kon zijn – en het land gaat leven. De zon gaat 's avonds onder 'in de lichtberg' in het westen en het wordt donker. Je ziet geen hand voor ogen meer als je geen lampje bij je hebt, en wie garandeert dat die stervende zon ooit weer terugkomt? En wat gebeurt er met de zon als die *onder* de aarde verdwijnt? Bestaat ook daar een Nijl die het er aangenaam maakt? Is er op een of andere manier licht om de weg te wijzen door het duister? Het waren allemaal vragen waarop een antwoord gevonden moest worden. En die antwoorden wáren er.

Voor de Egyptenaar was de kosmos een manifestatie van de waarheid die in het aardse leven altijd weer triomfeert, al ziet het er vaak niet naar uit. Als de mens sterft moet ook hij kunnen triomferen over de dood, al weet hij heel goed dat dat niet eenvoudig zal zijn. En lukt het *niet* dan is dat een grote tragedie waaraan niets meer veranderd kan worden. Wie sterft na zijn tweede leven, is voorgoed dood. Om deze afschuwelijke toestand de baas te kunnen zijn, heeft men de dodenboeken, die de

overledene in staat stellen op aarde terug te keren, in het eigen huis en de eigen tuinen en akkers en de eigen familie. Door deze dodenboeken, die men in het graf meekrijgt, wordt het sterven een herleven in een nieuw bestaan, een inwijding tot het enige wáre leven en de hoogste wijsheid.

Wat zijn nu precies die dodenboeken? Men kan deze op papyrus geschreven werken zien als laatste schakel in de lange keten van teksten, die op ieder gebied met de dood te maken hebben, en die van de vroegste tijden af de hele godsdienstgeschiedenis van Egypte omspant. Soortgelijke teksten vindt men voor het eerst op de wanden van de vertrekken in de piramiden van Oenas, Teti, Pepi I, Merenra en Pepi II: allemaal farao's uit het eind van de 5de (Oenas) en de 6de dynastie. Hierop aansluitend zijn er de zogenaamde 'coffinteksten', die in het Middenrijk worden afgebeeld op de wanden der sarcofagen. Waar de piramideteksten louter en alleen voor de farao zelf bestemd waren – maar hij was wel de goddelijke vertegenwoordiger van het hele volk – zijn de coffinteksten bestemd voor hooggeplaatsten en andere rijke lieden, en ze zijn in ietwat archaïsche stijl opgesteld.

Graf van Menna, *18de dynastie. Op de schildering bovenlangs de pelgrimsreis naar Abydos; in de schrijn op het tweede schip twee beelden van de overledene. Onderlangs de ceremonie van het openen van de mond van de dode door een priester Sjeich Abd-el Qoerna, Thebe-West.*

79

Grafkamer met sarcofaag van Thoetmoses III (1490-1436 v. Chr.). De sarcofaag is van rode kwartsiet. Vallei der Koningen, Thebe-West.

Mummiekistfragment met ingelegde tekst. De kist is van Djed-djehoeti-ioef-anch (300 v. Chr.) en afkomstig uit Hermopolis. Egyptisch Museum,

De echte dodenboeken dateren uit het Nieuwe Rijk. Ze zijn lang zo klaar niet als de oudere, om niet te zeggen, vaak duister. Het is niet onmogelijk dat delen van de dodenboeken stammen uit het volk zelf. Ze zijn veel uitgebreider dan piramide- en coffinteksten; ze zijn ook heel wat duisterder. Het zijn geen echte boeken, maar eerder een verzameling onafhankelijke teksten. In onze tijd is er door Naville en Budge – om de boeken toegankelijk te maken voor de moderne tijd – een vaste

volgorde aan gegeven, ontleend aan een Turijnse papyrus die uit de Saïtische tijd (663-525 v. Chr.) dateert.

De dodenboeken hebben dezelfde functie als de teksten uit de vroegste tijd: ze stellen de dode in staat terug te keren naar het leven op aarde en daar te verkeren. Een spreuk uit het dodenboek slaat daarop; spreuk 132, op de juiste wijze geciteerd, veroorlooft de dode de onderwereld voor een tijdje te verlaten voor meer aardse geneugten. Op deze manier kan men een dodenboek beschouwen als een soort vademecum voor het hiernamaals. Het citeren van de teksten uit een dodenboek staat de dode toe om zijn kans op onsterfelijkheid (het tweede leven) en de daarmee gepaard gaande zaligheid te vergroten.

Maar de familie kan ook heel wat doen. Door priesters de teksten te laten citeren kan men de status van de dode in het hiernamaals verhogen, maar dat niet alleen, ook voor hen die achterbleven wordt een zegen bevorderd. Teksten uit dodenboeken bezitten daardoor een driedubbel nut: bij de begrafenis worden ze voorgelezen om de dode nuttig te zijn; als de dode ze citeert in het hiernamaals voor zijn eigen welzijn, wordt dat van de mensen op aarde er ook nog door vergroot.

Het dodenrijk is dat van de stilte, van het zwijgen. Osiris heerst er als Heer van de stilte. Dit alles in scherpe tegenstelling tot het rijk der levenden waar lawaai genoeg is: storm, donder, klotsend of stromend water, vogels en dieren en mensen van alle

De dode koning draait zich om. *Plafondschildering in het graf van Ramses VI (ongeveer 1150 v.Chr.). De zonneboot is hier getransformeerd tot een slang. Rechts de dode zonnegod; in het midden de koningsmummie die zich omdraait en de herrijzende Osiris voorstelt. Links eindigt de boot in het hoofd van de hemelgodin (?). Het zich omdraaien, respectievelijk afwerpen van de windsels zodat de dode kan eten van de offers, is een der hoogtepunten in de onderwereld. Vallei der Koningen, Thebe-West.*

leeftijden. In onze tijd komt daar nog de verkeersherrie bij, waardoor een Oord van de stilte een heerlijke, doch onbereikbare utopie lijkt.

De godsdienst van de Egyptenaren was er niet één die via profetieën de mens aan zijn godskennis hielp. Wel waren er profeten verbonden aan de tempels, maar daar ging het om andere zaken: wat gaat er gebeuren? Is dit de gunstige tijd voor dit of dat? En, in revolutionaire tijden die Egypte vaak genoeg gekend heeft, welke farao moet

heersen over de Twee Landen? Een dergelijke profetie, mits juist opgesteld en getuigend van realiteitszin, kon de politiek van het land een heel andere kant op draaien.

De goden zijn zelfstandige geestelijke wezens en een canon van heilige boeken bestaat er niet. Wel bestonden er gewijde boeken die een zeker gezag bezaten. De goden, vaak stammend uit een duistere oertijd, zijn natuurgoden en worden beschreven in natuursymbolen. Het dualisme leven-dood heeft de Egyptenaar van de vroegste tijden af gefascineerd. Een god bewijst dan ook zijn ware aard door te sterven en vervolgens weer te herrijzen dank zij een kiem van het goddelijke leven die ieder in zich heeft. Sacraal en seculair staan er naast elkaar. De farao is op aarde heerser en opperpriester. Hij is de zoon van de zonnegod en de koningin die zijn moeder is. De staatsgodsdienst – zelfs de door Echnaton ingevoerde Aton-religie – mag variëren naar de god, eerst Ra en later Amon, maar hij blijft de hele wetenschap, kunst, cultuur, het sociale leven, het staatsbestel en de ethiek beheersen. Zó behoort het allemaal te gebeuren en niet anders! Orde en regelmaat zijn er de steunpilaar zonder welke geen land deugdelijk kan functioneren. De heel lang geleden door Ra ingestelde norm van Ma'at, de orde, brengt waarheid, recht en orde in de samenleving. En een enkeling moge er dan eens van afwijken, de koning handhaaft als opperpriester

De hemelkoe. Schildering aan de binnenkant van een mummiekistdeksel. Natijd. In Egypte werd de koe aanbeden als de hemelse moeder van de zon. Dit kan ook gebeuren onder de naam van Hathor of een andere godin zoals hier bij de hemelkoe, die de hemel voorstelt en de dodenwereld beschermt. Privé collectie.

Ma'at en niets anders. Natuurlijk kunnen er akelige dingen gebeuren – hongersnood, te lage of te hoge overstroming van de Nijl, oorlog en op zijn tijd geweld, ziekte en teveel dood – maar altijd keerde het evenwicht terug zoals ook de juiste overstromingen terugkeerden en het was weer in orde met Ma'at. Want zij, de godin die door een veer wordt gesymboliseerd, is eeuwig. En zij alleen is de basis waarop alles rust.
Het Egyptische pantheon kent een buitengewoon groot aantal goden, maar er

bestaan ook duidelijk 'voorkeursgoden', terwijl bepaalde onder hen verbonden zijn tot zogenaamde triaden, zoals Isis, Osiris en Horus, goden die dus nauw met elkaar verbonden zijn. Er bestaat een betrekkelijk geringe kloof tussen mensen en goden. De mens heeft een goddelijke kern in zich, weet om zo te zeggen wat hij waard is en laat dat – met veel respect overigens – merken aan de goden wanneer die zich niet zo gedragen als het hem zint.
De priesters zijn er om de goden, maar ook de mensen te dienen. Ze verrichten de werkzaamheden in de tempels, verzorgen de vereiste riten en zorgen ervoor dat tempelfeesten optimaal worden uitgevoerd. Ze hebben toezicht op hen die eveneens in de tempels optreden, de danseressen en de zangeressen en al die andere dienende personen die met tempelwerk te maken hebben.
De priesters van Egypte maakten nimmer deel uit van besloten en geheime broederschappen of godsdienstige gezelschappen, die absoluut onmisbaar zijn voor het ontstaan van 'adepten' en de rest. Integendeel. Wie priester wilde worden, kon daarvoor studeren. Nergens is ook maar één snippertje tekst ooit gevonden dat op 'verboden oeroude wijsheid' kan wijzen. In de literatuur zijn verwijzingen naar bepaalde mythen schaars, want die kende men wel; ze waren nimmer verboden kennis.
Dat een religie als die van Egypte ruim gebruik maakte van magie is overduidelijk

Graf van Amenemone, 20ste dynastie. Uitvoerige illustratie van de dodencultus. Van links naar rechts, boven: priesters brengen plengoffers, daaronder een wierook offerende priester voor een reusachtig offer van broden (onder), groente en gevogelte. Geknield voor de beide mummies een klaagvrouw; boeketten van papyrus rijzen hoog naast de mummies op.
De grote stèle met schilderingen ligt achter een voorstelling van Ra, met beneden Anoebis met de mummie. Rechts het graf met de piramidevormige bekroning, dat vlakbij de heuvels van Qoernet Moerai ligt. Onderlangs klaagvrouwen, biddende figuren en een offerrund.

gebleken, maar dan wel het goede soort magie, de witte zoals die genoemd wordt. Men ging uit van het magische affect van teksten die plechtig werden uitgesproken met de juiste intonatie en redeneerde dat hiervan grote kracht uitging, evenals van het herhalen ervan. De teksten hebben door hun soms duistere zin een waas van geheim; als de dode dergelijke teksten uitspreekt, die hij zegt heel goed te kennen, dan verkrijgen ze daardoor waarheid tijdens bepaalde riten en de recitatie ervan verkrijgt een sterk magisch effect. Spreuk 72 is een goed voorbeeld: 'Wie dit boek op aarde kent (*het dodenboek*), of hij in wiens sarcofaag het in geschreven vorm is meegegeven, kan overdag tevoorschijn treden in de gedaante die hij wenst aan te nemen en hij kan op zijn plaats terugkeren zonder dat hem daarbij hindernissen in de weg worden gelegd'.

Iedere dode kent geheimen, maar die kan iedereen leren als hij daarvoor de moeite neemt. Ze staan in de dodenboeken die de mens in zijn graf begeleiden. En of het nu gaat om het boek Amdoeat, het Boek van de poorten, het Boek van de aarde, het Boek van de holen, het Boek van de nacht of het Boek van de dag, ze zijn er alleen om de mens te helpen bij zijn bestaan in het hiernamaals, om te geraken tot de wachtende zaligheid.

Mummievormig beeld voor een graf in het Assasif bij Qoerna, Thebe. Natijd, ca. 600 v. Chr. ▷

De god Osiris, in het graf van Horemheb (1337-1314 v.Chr.). Osiris is hier afgebeeld als 'de Eerste der Westerlingen' en staat voor een djed-*zuil, onder andere het symbool van de duurzaamheid. De schildering bevindt zich in de linkerzijkamer van de crypte in het graf en is daar de enige aangebrachte afbeelding. Heeft men door een of andere oorzaak geen tijd gehad de andere afbeeldingen aan te brengen? . . . Vallei der Koningen, Thebe-West.*

De geheimen van Meisje-no-1770

Niemand wist hoe ze heette. Niemand wist hoe oud ze was. Niemand wist zelfs of ze wel een meisje wás. Ze stierf omstreeks 1000 v. Chr., kwam in 1896 in het museum van Manchester terecht en moest wachten tot 1975 eer we achter haar geheimen kwamen. We weten nog altijd niet hoe ze heette, maar wel hoe oud ze geweest moet zijn – een jaar of dertien – en dat ze inderdaad een meisje was en niet een man zoals aan de hand van haar mummie gedacht had kunnen worden. Want de balsemers die haar indertijd mummificeerden, wisten het kennelijk ook niet en hebben het zekere voor het onzekere genomen, denkend dat je met een waarschijnlijk onherkenbaar lichaam beide kanten uit kon. Dat Meisje-nummer-1770 nu minder geheimzinnig is dan vroeger danken we aan het werk van een grote wetenschappelijke staf, die haar mummie tot in de kleinste details heeft onderzocht.

In 1907 werd in het altijd al vooruitstrevende museum van Manchester de eerste mummie op voor die tijd moderne wijze onderzocht door de anatoom Elliot Smith. Manchester bezit niet minder dan eenendertig dierenmummies en zeventien van mensen, plus een aantal schedels. Die verzameling vróeg gewoon om onderzoek. In 1907 stelde Margaret Murray een onderzoek in naar de mummies van wat altijd de 'Twee broers' werden genoemd, namelijk de mannen Nacht-anch, die bij zijn dood een jaar of zestig was, en Chnoem-nacht, die rond de vijfenveertig moet zijn geweest. Van deze twee mannen heeft men aan de hand van hun (kapotte) schedels twee 'portretten' geboetseerd, die men later heeft vergeleken met houten portretbeeldjes uit hun graf. De moderne hoofden bleken er frappant op te lijken! Hetzelfde procédé heeft men toegepast op Meisje-nummer-1770. We komen hier nog op terug.

Waarom gaat een museum er toe over om een betrekkelijk kostbaar bezit als een mummie uit de windsels te halen en er dan zo'n onderzoek op toe te passen dat er van de mummie zelf eigenlijk niets meer overblijft, zodat hij dus verloren gaat? In het geval van Meisje-nummer-1770 was de reden absoluut toelaatbaar. De mummie verkeerde in heel slechte toestand en had als zodanig niet de minste waarde meer. De inwikkeling uit de Grieks-Romeinse tijd, omstreeks 380 n. Chr. was mooi gedaan, maar daarvan bestaan talloze voorbeelden. Bovendien hoopte men aan de hand van een dergelijk onderzoek, dat tot in details aan de hand van de meest moderne methode zou worden verricht, vele nieuwe gegevens te kunnen verkrijgen. Men had in 1907 reeds de twee broers uitgewikkeld en uit- en inwendig de beide mummies onderzocht. Aan de hand hiervan was men van plan hen ook in 1975 nader te onderzoeken, niet alleen de mummies, maar alles wat men van hen had en de nieuwverkregen gegevens dan te vergelijken met de oude uitkomsten van Murray. Ze bleek haar werk uitstekend te hebben gedaan. Haar unieke experiment werd aan alle kanten bevestigd door de nieuwe vondsten, welke overigens uiteraard veel talrijker waren door de verfijnde technologie die ook zo'n belangrijke rol is gaan spelen bij het mummieonderzoek.

Tijdens een algemeen onderzoek werd men het eens om 1770 als proefkonijn te gebruiken. In juni 1975 begon de uitwikkeling, die het museum heel oneerbiedig 'pellen' noemde. Dat uitwikkelen nam niet minder dan twee weken in beslag! Maar hoe zorgvuldig ging men dan ook te werk! Men begon, eer men aan het werk ging, met een röntgenonderzoek; eerst mét de wikkels en later zonder. Ieder windsel werd apart onderzocht: welke middelen hadden de balsemers gebruikt? Waaruit bestonden de windsels en hoe waren die geprepareerd? Wat was ertussen gestopt aan amuletten? Ieder voorwerp dat tevoorschijn kwam werd geröntgend, gefotografeerd en gefilmd, in kleur en zwart-wit. Waar men achter wilde komen was: hoe oud was het meisje? Waren windsels en mummie uit dezelfde tijd? Wat was de doodsoorzaak? Aan welke kwalen had ze geleden? Hoe was de houding van de armen, gestrekt of gekruist? Het bleek het laatste te zijn. Dat gaf een verwijzing naar de tijd waarin ze leefde, en hiermee kwam het eerste raadsel naar voren, waarover dadelijk meer. Intussen had men in het laboratorium onderzoek gedaan naar de methoden om te mummificeren. Ratten en muizen werden hiervoor gebruikt en men kwam steeds weer uit op uitdrogen door middel van droge natron.

Dat het meisje op jeugdige leeftijd was overleden, bleek uit haar in goede staat verkerende gebit. Er was niet de minste slijtage aanwezig. Men ging nog een stapje verder. Het meisje had zich gevoed met vloeibare of halfvloeibare gerechten waarin praktisch iedere vezel ontbrak. Ze zal dus wel vaak soep en bordjes pap tot zich hebben genomen.

Bij het onderzoek werden proefmonsters genomen van alle denkbare weefsels, van

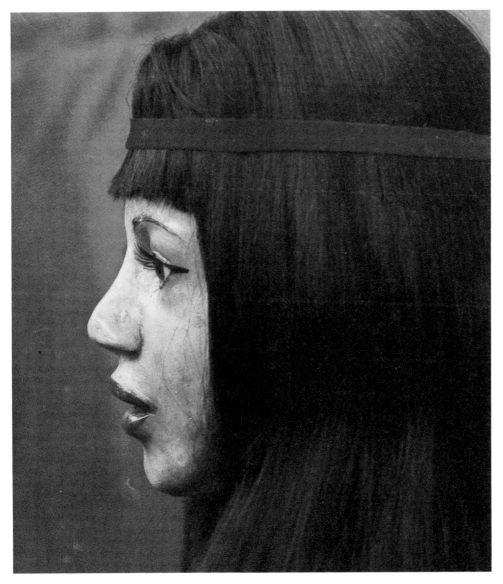

Reconstructie *van het gelaat van Meisje-nummer-1770.*

bot en naar men soms hoopte organen – die bleken nergens in de mummie aanwezig te zijn – en alles werd gefilmd, gefotografeerd en in verzegelde plastic zakjes gedaan voor later onderzoek. Aparte aandacht verdienden de vele in de mummie gevonden insekten en poppen en larven daarvan.

De mummie bleek een mooi cartonnage-masker met groot borststuk te hebben, dat onder de buitenste wikkels verborgen zat. Na schoonmaken van het voor dit masker gebruikte verguldsel met echt goud bleken er gegraveerde voorstellingen van het begrafenisritueel op te staan. Het masker had ingelegde ogen. Na verwijdering van het masker bleken nek en schedel helemaal kapot te zijn, maar de fragmenten waren er nog. De voorkant verkeerde in iets betere staat. Wel had de man die de hersens nogal ruw verwijderd had, een beschadiging aangebracht. Het lichaam bleek in deplorabele toestand te verkeren en hier en daar volkomen te zijn weggerot. In het stof tussen de ribben werden twee ronde vergulde voorwerpjes gevonden in de vorm van tepels, die op de borsten aangebracht waren geweest. De mummie was dus van

87

een vrouw afkomstig? Maar wat deed dan die kunstpenis van een opgerold stuk linnen tussen de benen?

Er was maar één oplossing mogelijk: de mannen die de mummie hadden ingewikkeld wisten niet of ze met een man of met een vrouw te maken hadden gehad en hadden dus het zekere voor het onzekere genomen. Maar nog was men er niet met de raadsels. Want hoe moest men de geamputeerde benen van de dode verklaren? Hoe was dat gebeurd? Uit het onderzoek bleek wel dat de benen – het linker onder de knie en het rechter boven de knie – vlak voor of na haar dood waren geamputeerd, want er was geen spoor aan genezing. Hoe kon dat gebeurd zijn? Eén theorie luidde dat ze mogelijk door een krokodil aangevallen was geweest, die de benen had afgebeten; een andere dat ze een ongeluk had gehad waarbij misschien een instortende muur de amputatie had veroorzaakt. Ze kon nog hooguit een week hebben geleefd, maar geen dag langer.

Er waren meer mysterieuze zaken. Bij het verwijderen der windsels bleek dat deze niet om de beenstompen zelf zaten, maar meteen op het bot; geen spoor van weefsel of bindweefsel was meer aanwezig. Hoe zat dat? Was ze gemummificeerd en inge-wikkeld toen haar lichaam reeds in zo'n staat van ontbinding verkeerde dat de balse-mers haar geslacht niet eens meer hadden kunnen vaststellen? School er dan toch waarheid in dat gruwelijke verhaal van Herodotus: dat geperverteerde balsemers soms necrofilie pleegden met mooie jonge vrouwen, zodat de familie hun lichamen pas afleverde nadat die in verre staat van verrotting verkeerden?

De werkelijkheid bleek gelukkig heel wat minder onfris. Meisje-nummer-1770 bleek uit een veel vroegere tijd te stammen dan men gezien haar inwikkeling mocht gelo-ven. Bij radiokoolstofonderzoek om de ouderdom van de mummie te bepalen kwam men niet op de 4de eeuw n. Chr. terecht, maar op ruim 1000 jaar v. Chr.! En hoe zat dat dan weer?

Het linnen waarin ze gewikkeld was, stamde onweerlegbaar uit de 4de eeuw. Het moest geweven zijn tussen 323 en 441 n. Chr., wat kon worden uitgemaakt aan de manier van weven, het soort linnen en de manier van zomen naaien. Het bleek huis-houdlinnen uit een gegoede familie te zijn, dat hergebruikt was. De windsels waren om goed te plakken geapprèteerd met een mengsel van bijenwas, asfalt, galbanum, en een extract uit tamarinde. Bij de inwikkeling was reeds de overmatig grote hoe-veelheid hars opgevallen, die donker was geworden bij het lichaam, maar licht van kleur was bij de windsels.

Er was maar één verklaring voor: Meisje-nummer-1770 was dertien eeuwen na haar balseming opnieuw ingewikkeld, nadat eerst de nodige reparatie aan de mummie had plaatsgehad. Maar wie had dat gelast en wie hadden het gedaan? En waarom? Er leek geen einde aan de raadsels te komen en die zijn ook niet definitief opgelost. Ook de kwestie van haar afgebroken benen was een mysterieuze zaak. Om haar gaaf en wel in het hiernamaals af te leveren had men de verdwenen onderbenen 'gerepa-reerd'. Daartoe had men bij het rechterbeen een soort kunstbeen aangebracht van hout, met leem en wikkels omwonden, zodat het een heel klein beetje echt leek. Het linkerbeen had men op lengte gebracht met een bos riet, eveneens met leem en wikkels omwoeld. Aan de voeten had men niets gedaan, maar ze hadden aan die zielige kunstbenen wel heel mooie sandaaltjes van cartonnage vastgemaakt, zodat ze tenminste 'lopen' kon.

Ook de gezondheid van Meisje-nummer-1770 werd onderzocht. Ze was redelijk gezond geweest, maar had wel – een volkskwaal in Egypte, die nog altijd bestaat – geleden aan wormen, waaronder een heel gevaarlijke, de zogenaamde draadworm of medinaworm, die als een verkalkt schijfje in de mummie werd gevonden.

Verder hadden er pathologische veranderingen in het kraakbeen van de neus plaats-gevonden zodat ze altijd heeft moeten snuffen en door haar mond ademhalen. Een dergelijke aandoening leidt bijna altijd tot een kwakkelende gezondheid.

Het pronkstuk van dit langdurige en minutieuze onderzoek was de vervaardiging van een wasmodel van het hoofd van Meisje-nummer-1770, opdat men er enig oor-deel van kan hebben hoe ze er (eventueel!) heeft uitgezien. Ze blijkt dan een typisch Egyptisch gezicht te hebben: grote ogen, ronde gelaatsvorm en in haar geval een altijd openstaande mond. Met dat gezichtje heeft men haar 1000 v. Chr. zien rond-wandelen in de Fayoem, waarschijnlijk in de buurt van Hawara, want daar zou de mummie vandaan zijn gekomen.

Scotland Yard en de vingers van de mummie

De vrouw van wier mummie de eerste vingerafdrukken werden genomen, heette Asroe en had tijdens haar leven de hoge positie van zangeres van Amon in de tempel van Karnak. Ze leefde in de Natijd en werd na haar dood begraven in een mooi geschilderde kist met een geïdealiseerd gezicht. Het is dan ook wel even een schok als men de goed gepreserveerde mummie ziet, die nu naakt in die kist ligt. Ze had ondanks haar positie evenals Meisje-nummer-1770 geleefd in een niet al te hygiënische omgeving en ze was niet gewend geweest met haar handen te werken en op haar blote voeten te lopen.

Asroes mummie verkeerde in zo'n perfecte toestand, dat men besloot om haar als eerste uit te kiezen voor het nemen van vingerafdrukken, het echte soort dat de politie pleegt te nemen van twijfelachtige figuren. Alleen was er niets twijfelachtigs aan Asroe. Het nemen van vingerafdrukken van een mummie is echter een riskant werkje. De huid is zo dor en broos dat beschadiging heel gauw voorkomt.

Nu is de huid van de binnenkant van de handen en van de voetzolen – ook erg geschikt voor afdrukken! – anders van samenstelling dan die van de rest van het lichaam. Er zijn overal kleine ribbeltjes, die een vast patroon vormen dat ondanks lichte verwondingen altijd weer terugkeert. Dit was in de oudheid al bekend. Een duimafdruk was vaak een officieel identificatiemiddel. Romeinse pottenbakkers 'signeerden' er hun werkstukken al mee aan de onderkant als bewijs dat het van hen afkomstig was. Dat vingers en voetzolen zulke duidelijke afdrukken geven komt doordat er tussen de richeltjes minuscule zweetkliertjes zitten die vocht afscheiden. Pakt men een voorwerp beet, dan blijft een afdruk achter dank zij de afscheiding van zweet. Door een geschikt poeder over de afdrukken te verstuiven worden de afdrukken zichtbaar en kan men met een bepaalde ontwikkelaar de afdrukken op papier kopiëren. Niet alleen boeven, ook onbekende doden worden door middel van vingerafdrukken geïdentificeerd.

Er is natuurlijk verschil tussen het nemen van vingerafdrukken van levende of dode moderne mensen en een poging om die van een mummie te nemen. Wie is het meest geschikt om vingerafdrukken te nemen van uitermate tere vingertoppen? Natuurlijk de politie. En daarom werd Scotland Yard uitgenodigd voor dat delicate werkje.

Nu wordt bij een levende persoon iedere vinger apart afgedrukt door deze eerst te inkten en dan met een rollende beweging op het papier te brengen. Dat was met Asroe natuurlijk onmogelijk. Er moest iets op gevonden worden en dat bleek bij de tandartsen vandaan te komen. Het is dat snel verhardende materiaal waarmee afdrukken van kaken worden gemaakt, waarbij de vorm van een kies of tand volmaakt wordt weergegeven. Met dit materiaal behandelde men niet alleen Asroes vingertoppen, maar ook haar handpalmen om later te kunnen uitmaken wat voor werk ze had gedaan tijdens haar leven. Van het 'gietvormpje' dat men van Asroes vingers verkreeg, werd een afgietsel van iedere vinger gemaakt – en later ook van haar tenen – dat als een soort substituutvinger en handpalm kon worden gebruikt, en ziedaar: men verkreeg perfecte vingerafdrukken van een vrouw die zeker al 25 eeuwen dood was. Aan de hand van haar vingerafdrukken wist men haar leeftijd: ruim veertig jaar. Haar handen bleken gaaf en glad en ze had dus niet in de huishouding of op het land gewerkt; daar had ze haar bedienden voor gehad. Men ging verder. Asroes tenen werden 'afgedrukt' en gaven uitkomst betreffende haar werk. Haar voetzolen waren zo glad en effen dat ze nooit op blote voeten in de tempel gedanst kon hebben. Ze was gewend geweest sandalen te dragen als iedere dame.

Niet alleen de vingerafdrukken leverden gegevens op betreffende het dagelijks leven van de mummies. En wat voor Manchester geldt kunnen we dus ook aannemen voor mummies uit ander bezit. Waar het om ging was of de Egyptenaren in de oudheid aan dezelfde parasieten hadden geleden als waar men nu nog aan lijdt, en dat bleek inderdaad het geval. Er waren minstens evenveel van die ellendige vliegen die nog

Voeteneinde van een mummiekist. *In het midden de ingewikkelde mummie tussen Isis en Nefthys, Anoebis en Thot. Links en rechts de voeten van de dode, gestoken in sandalen; zijn hondje zit er tussenin. De stijl is wat karikaturaal, maar vlot geschilderd. Romeinse tijd. Museum van Cairo.*

altijd de plaag van het land langs de Nijl zijn. Men leed evenzeer aan de afschuwelijke bilharzia als nu, en ook aan de medinaworm die bij Meisje-nummer-1770 werd gevonden. De resten van vliegen werden op mummies in overdaad gevonden, evenals verscheidene soorten torren en kaasmijten. De Egyptenaren sloegen voedselvoorraden op in potten en kruiken en dat waren echte paradijzen voor ongedierte. In een graf waren dat de voedselvoorraden, de sarcofaag (houttorren), de windsels met al hun oliën en zalven en natuurlijk de mummie zelf.

Meisje-nummer-1770 bleek ook al een slachtoffer van insekten te zijn. Er zaten er maar weinig in de buitenste windsels, maar binnenin zaten er des te meer. Daar hadden de eieren, die door volwassen insekten gelegd waren, zich ontwikkeld tot larven, die zich verpopten en waaruit later weer volwassen insekten kwamen. Hun enige vijand was de aastor, ook al gevonden, die zich bediende van vers vlees in de vorm van larven en poppen. Ook de twee broers 'stikten' van de insekten – van de gewone soort, maar ook van een bijzondere, een kever die meer weg heeft van een mijt, die zich te goed had gedaan aan windsels. En zelfs kakkerlakken hebben mummies belaagd, want ook die werden gevonden, een bewijs dat men toen evenmin gevrijwaard was voor die nare dieren. De balsemers moeten er in hun werkplaatsen behoorlijk last van hebben gehad, minstens even erg als van de vliegen.

Tijdens het onderzoek van Nacht-anch, die leefde tijdens de 12de dynastie (1991-1786 v. Chr.), was men in staat enige weefsels dusdanig te prepareren dat microscopisch onderzoek mogelijk werd. Margaret Murray had bij het afwikkelen van de windsels tot poeder vervallen weefsels in potjes gedaan, die zeventig jaar later door haar opvolgers onderzocht zouden worden en die ons inlichten omtrent de kwalen en kwaaltjes van Nacht-anch. Er bleek longweefsel bij te zijn dat bewees dat de oudste broer had geleden aan een longziekte die wordt veroorzaakt door het inademen van scherpe partikeltjes zand tijdens zandstormen. Deze kwaal komt nu nog veel voor in de Sahara en de Negev-woestijn. Arme Nacht-anch leed ook aan pericarditis, een ontsteking van de hartwand. Bewijzen voor pleuris werden eveneens aangetroffen. Mogelijk hield hij deze kwalen over aan een ernstige longontsteking. Of hij er aan overleed was niet meer na te gaan.

Koningin Teje (links) en twee andere koninklijke (?) mummies, *gevonden in het graf van Amenhotep II. Museum van Cairo.*

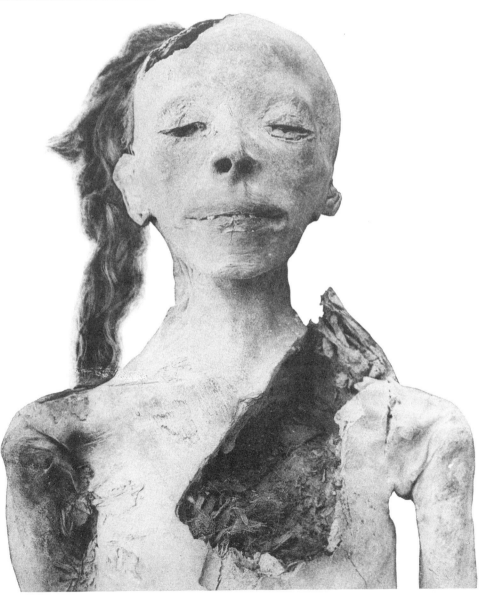

Mummie van een prins, *gevonden in het graf van Amenhotep II. Museum van Cairo.*

De krullen van de koningin

Een mummie die de archeologen voor problemen heeft geplaatst, was die van koningin Teje, de gemalin van farao Amenhotep III (1405-1367 v. Chr.). Koningin Teje is voor de geschiedenis een belangrijke vrouw geweest. Niet alleen schijnt ze haar man te hebben bijgestaan tijdens zijn zware regeringstaak, maar ook was ze de moeder van een drietal zonen: Amenhotep (IV), die later zijn vader opvolgde, Smenchkare en Toetanchamon, wiens naam in de hele wereld een begrip is geworden. Nu zijn er wel redenen die misschien zouden kunnen aantonen dat Smenchkare en Toetanchamon een gemeenschappelijke andere moeder hadden – een mindere koningin, die niet de titel voerde van Grote Koninklijke Gemalin –, maar men neemt meestal aan dat het hier gaat om drie broers.

Amenhotep IV werd tijdens zijn eigen regering de beroemde of zo men wil beruchte (als men aanneemt dat hij zijn land en volk te gronde richtte door een religieuze revolutie) 'ketterkoning' Echnaton, die een soort monotheïsme invoerde.

Tegenwoordig weten we dat Echnaton zijn nieuwe geloof niet zelf 'uitvond', maar dat hij een heel oud geloof uitbouwde tot de staatsreligie, die iedere andere god uitbande. De figuur die hierbij een grote rol speelde, is koningin Teje geweest. Aan het koninklijk hof, dat residentie had in de paleizen van Malkatta (achter de beroemde dodentempel van Ramses III bij Medinet Haboe) bestond zeker reeds de Atonaanbidding.

Koningin Teje bezat zelfs een boot die de naam droeg 'Aton schittert', en het lijkt nu wel zeker dat de beroemde en zeer speciale 'Amarna-cultuur', die een geheel nieuwe lijn gaf aan wat er tot toen bestaan had, in de paleizen van Malkatta tot stand kwam en niet spontaan zich in Achetaton, Echnatons nieuwe hoofdstad, die tegenwoordig beter bekend staat als Tell el-Amarna, ontwikkelde op instigatie van de farao.

Malkatta en geen andere plaats geldt als de bakermat van wat later in Amarna tot grote, maar kortstondige bloei kwam, zelfs al wijzen vele dingen er op dat grote haast en ook wel slordigheid kon leiden tot revolutiebouw.

Bij de ontwikkeling van de Aton-religie speelde koningin Teje een belangrijke rol. Later verhuisde ze met haar zoon naar Achetaton om er haar eigen paleis te bewonen. Het lot heeft haar gespaard voor de ondergang van haar zoon. Maar tijdens haar leven moet Teje een zeer invloedrijke vrouw zijn geweest, die haar oudste zoon langzaam maar zeker de kant van Aton uitdreef. De Atonreligie was afkomstig uit de toen reeds oude stad Heliopolis, waar de plaatselijke theologen al minstens vier eeuwen aanbidders waren van *de* Aton – waarmee niet de zonnegod, maar de zonneschijf zelf werd bedoeld. Van Heliopolis kwam dit geloof naar Thebe en won er aanhangers. Toen ook farao Amenhotep III zich onder die aanhangers schaarde, was het pleit wel beslecht en lag de weg voor de jonge Amenhotep IV open naar een nieuwe staatsgodsdienst. Koningin Teje was niet van vorstelijken, doch van burgerlijken bloede, maar natuurlijk wel van een belangrijke familie. Haar ouders waren Joeya en Toeya, die na hun dood een graf in de Vallei der Koningen kregen. Dit graf was niet zo groot, maar het werd ongeschonden gevonden en de voorwerpen eruit staan nu in het museum van Cairo. Koningin Teje werd na haar dood gebalsemd en bijgezet in een eigen graf, en haar mummie 'werd nooit gevonden'. Terwijl die mummie al lang bekend was! Maar dan niet als die van Teje, maar als die van koningin Hatsjepsoet. Een uitgebreid wetenschappelijk onderzoek heeft de zaak rechtgetrokken. De 'mummie van Hatsjepsoet' stond bekend als 'de mummie van een oudere dame uit het graf van Amenhotep II, nummer 61070'. Zij werd in 1898 gevonden in de Vallei der Koningen met een aantal andere mummies, die daar waren gedeponeerd in een rotsgraf door priesters uit de 21ste dynastie (1075-935 v. Chr.), die onge-

veer 3000 jaar geleden de opdracht kregen deze mummies opnieuw bij te zetten. Ook in 1881 had men al een dergelijke vondst gedaan in het graf van ene koningin Inhapi, gelegen bij de dodentempel van Hatsjepsoet, nu bekend als Deir el-Bahari.

Tijdens de 21ste dynastie was men er reeds achtergekomen dat vele koningen en koninginnen allesbehalve rustig in hun Huis voor de Eeuwigheid bleken te liggen. De zo goed achter puin- en zandstortingen in de Koningsvallei verborgen liggende graven bleken toch vindbaar te zijn voor de slimmeriken die de Vallei tot in iedere uithoek kenden.

Degenen die de vondsten deden, waren uiterst geroutineerde grafrovers, die al eeuwenlang de mummies op de meest schaamteloze wijze hadden beroofd van iedere amulet dat ze bij zich hadden, waarbij ze zwaar beschadigd werden.

Een op last van de Egyptische kroon van die dagen ingesteld onderzoek leidde tot de opdracht aan de priesters om alle mummies in ere te herstellen, hen zo nodig opnieuw in te wikkelen en hen dan in nieuwe, soms echter reeds gebruikte sarcofagen een nieuwe rustplaats te geven, indien mogelijk geïdentificeerd en wel. Daarna werden al die sarcofagen bijgezet in de ruime tomben van Inhapi en Amenhotep II. Een van de gerestaureerde mummies was toen al 500 jaar oud!

Onder al die mummies bevond zich dus ook 'die oudere dame' die wel een koningin moest zijn. Dat bleek uit de houding waarin ze was ingewikkeld: de linkerarm lag met gebalde vuist, maar recht gestrekte duim scherp omhoog gebogen over de borst. In 1912 werd deze mummie voor het eerst onderzocht door de anatoom Elliot Smith. Hij trok de conclusie dat het de mummie van een koningin moest zijn en dat het mogelijk Teje of Hatsjepsoet was. Beide koninginnen behoorden tot de zeer grote vorstinnen van Egypte en beiden hadden zeer grote invloed bij het landsbestuur. Nu viel het bij afbeeldingen van Teje op dat ze werd voorgesteld met de linkerarm en -hand in dezelfde houding als die van de 'oudere dame'.

Toen men in Cairo het bekende röntgenonderzoek van de vorstelijke mummies had afgesloten, ontdekte men met schrik dat mummie 61070 op onverklaarbare wijze ontbrak, terwijl ze er volgens oude gegevens beslist moest liggen. Waar kon die mummie gebleven zijn? Dat ze werkelijk had bestaan werd bewezen door de beschrijving ervan door Elliot Smith, die bovendien in 1912 al de raad had gegeven de mummies te laten röntgenen indien dat maar even mogelijk was. Helaas was dat toen nog niet het geval, want het enige röntgenapparaat in Cairo bevond zich in een ziekenhuis en het was onmogelijk te vervoeren. Men ging meteen op zoek naar de 'oudere dame' en volgde daartoe het spoor vanaf Elliot Smith, waarbij men terecht kwam bij het graf van Amenhotep II. En inderdaad vond men daar in een dichtgemetseld zijkamertje mummie 61070! Maar daarmee had men haar nog niet in handen. In Egypte heeft een eeuwenoude bureaucratie geleid tot een schier eindeloze massa moeilijkheden en tegenwerking van steeds weer nieuwe kleine en grote ambtenaren.

Omstreeks 1970 had men het onderzoek van de koninklijke mummies afgesloten en had men de ontdekking van 61070 gedaan. In 1975 kwam de vergunning los dat de mummie mocht worden onderzocht . . .

Na de hele scala van onderzoekingen kwam men tot een conclusie. De mummie was die van een eens heel mooie vrouw. Nog altijd is haar profiel van een zeldzame adel en nog altijd is het haar opvallend mooi, golvend en krullend en glanzend donkerbruin. Niemand verbaasde zich er toen eigenlijk meer over dat men met koningin Teje te maken had. Juist dat mooie haar had de doorslag gegeven. Maar ook het schedelonderzoek. Haar schedel bleek precies te lijken op die van Vrouwe Toeya, haar moeder, en van Toeya's schedel was men zeker, want de zorgende priesters van de 21ste dynastie hadden haar bij de herbegrafenis een label gegeven met haar naam er op. De mummie van de 'oudere dame' móest wel die van Teje zijn.

Men overhandigde de gegevens aan de Egyptische regering, die er zo tevreden mee was dat toestemming werd gegeven voor een laatste proefneming die tot volledige zekerheid zou kunnen leiden. In het graf van Teje's (stief)zoon Toetanchamon was indertijd een prachtig gouden doosje gevonden waarin een glanzende bruine haarlok lag, die volgens het opschrift in hiërogliefen afkomstig was van koningin Teje. Er werd een minuscuul lokje haar afgeknipt van de mummie en na een ingewikkeld onderzoek van een volle week in de zomer van 1976 bleek dat absoluut identiek te zijn met Teje's krul uit het gouden doosje. Toen stond dan eindelijk onweerlegbaar vast: mummienummer 61070 en koningin Teje zijn een en dezelfde persoon.

Koningin Teje, *de gemalin van Amenhotep III (1405-1367 v.Chr.). Museum in Brussel.*

◁

Mummie van een oudere dame, *zeer waarschijnlijk koningin Teje. Museum van Cairo.*

Stress is niets nieuws!

De moderne mens zit te lang en te vaak in een auto of heeft een beroep waarbij zittend gewerkt wordt, mogelijk in een dure, anatomisch verantwoorde stoel, maar hij krijgt een verkromming van de ruggegraat en is er ongelukkig mee. De moderne mens eet te veel en te vet, rookt te veel, drinkt alcohol, beleeft iedere dag weer de nodige dosis wat we met een mooi woord 'stress' zijn gaan noemen en gaat ten onder aan een hartinfarct, een hersenbloeding of een ontsteking aan de slagaderwand. Hij lijdt aan verhoogde bloeddruk, heeft aderverkalking en nog veel meer nare kwalen. Hij meent een typisch produkt van de moderne tijd te zijn.

De antieke Egyptenaar – en dan zeker de welgestelde – at ook heel lekker, maar niet vet, gebruikte geen zwaardere dranken dan wijn en bier, en had geen auto, maar reed in een draagstoel of op een licht rijtuigje waarbij de beenspieren aan één stuk in beweging waren om het evenwicht in het wankele geval te bewaren. Hij rookte ook niet. En desondanks ging ook *hij* ten onder aan een hartinfarct, een hersenbloeding, angina pectoris enzovoort. Stress heette in zijn tijd misschien onzekerheid in land en wereld, in het eigen gezin of in de broodnodige Nijloverstromingen. Stress was oorlog, honger, slechte oogsten, teveel ongedierten, ziekten in gezin en familie, een onbetaalbare, maar absoluut noodzakelijke begrafenis. Stress is minstens 4000 jaar oud en zal wel blijven bestaan.

Het onderzoek van talloze mummies heeft ons aardig op de hoogte gebracht van wat de Egyptenaren allemaal gemankeerd hebben. Koningin Teje, echtgenote van Amenhotep III, leed aan verhoogde bloeddruk, had verdikkingen in haar kransslagader en duidelijke tekenen van een genezen hartinfarct. Koning Siptah (1222-1216 v. Chr.) kreeg als kind in ernstige mate polio, maar genas ervan. Hij hield er wel een rechterbeen met geatrofieerde spieren en de daarbij behorende klompvoet aan over. Koning Ramses V (± 155 v. Chr.) was zwaar pokdalig aan gezicht, buik en kuiten, en hij had ook nog een ernstige liesbreuk. Farao Merneptah, wie vaak de Exodus en dús verdrinken in de zee toegeschreven wordt, stierf op hoge leeftijd, maar dan wel met een aorta die vol kleine kalkafzetsels zat, wat echter niet door cholesterol, maar wel door zijn hoge leeftijd werd veroorzaakt.

Duidelijk blijkt dat geen 'moderne' kwalen de Egyptenaren bespaard bleven, van blindedarm- tot longontsteking, van lepra tot pest, van tbc tot alle soorten infarcten. Ze reageerden net zo op hún stress als wij op de onze. Reumatische pijnen teisterden hun arme gewrichten; de bilharzia was even ernstig als in het moderne Egypte; ze braken hun armen en benen, vielen zich fatale gaten in het hoofd en werden op de meest afschuwelijke wijze gewond tijdens een oorlog door wapens die uitermate effectief waren, al noemen wij ze 'primitief'.

Van door zandstormen opgewaaid scherp zand hadden ze evenveel last in longen en luchtwegen als de moderne bewoners van de Sahara, Negev-woestijn en Egypte zelf. En 'stoflongen', de gevreesde kwaal van moderne mijnwerkers, deden ze op in hun kleine, door rokende vuurtjes, kaarsen, lampen en toortsen verwarmde en verlichte kamertjes en werkplaatsjes.

Een jonge vrouw uit de Ptolemeïsche tijd leed tijdens haar leven danig aan een chronische appendicitis; de vergroeiingen in haar buikholte getuigen ervan. Een heel oude priesteres van Amon was jarenlang bedlegerig en dus doorgelegen. De balsemers vervingen de ontbrekende huid aan billen en rug door stukken gazellehuid, om haar voor het hiernamaals presentabel te maken. De heer Harmose uit de 18de dynastie leed, naar het onderzoek van zijn ingewanden heeft uitgewezen, aan aangetaste darmaders waardoor een darminfarct een einde aan zijn leven had kunnen maken, ware het niet dat hij vóór die tijd al was overleden aan een hele waslijst van andere kwalen. Het ergste was zijn door broncho-pneumonie aangetaste rechterlong, die hem grote moeilijkheden met ademhalen moet hebben bezorgd.

Er lijkt geen einde te zijn aan al die moderne kwalen waaraan mensen 4000 jaar geleden leden. Eén kwaal kwam echter heel weinig voor: een galaanval. Bij het onderzoek van niet minder dan 30000 lichamen vond men er slechts één geval van! Nierstenen kwamen iets meer voor. Een priesteres van Amon bleek steentjes in de galblaas te hebben en een balsemer heeft eens een niersteen in de neus van een dode gestopt. Waarom . . . ?

Wie medische papyri doorsnuffelt komt ons totaal onbekende namen voor ziekten tegen, want van wetenschappelijke terminologie had men geen weet. Het mummie-onderzoek heeft heel wat kwalen en een aantal doodsoorzaken weten te achterhalen. 'Wormen' werden van alles en nog wat beticht in oude geschriften en ook 'wind' was een kwalijk iets. Geneesmiddelen doen vaak heel bizar aan en in magische stenen, amuletten en geschriften, incantaties en gebedsformules stellen we ook niet zoveel vertrouwen meer. Of misschien toch wel? . . .

De kindersterfte was heel groot in die oude tijd. Maar zou deze eentonig gezongen incantatie werkelijk geholpen hebben?

Verdwijn demon, die met de schemering binnensluipt, met je neus aan de achterkant.
Verdwijn larf, die met de schemering binnensluipt, met je neus aan de achterkant . . .
Kom je dit kind kussen?
Ik zal niet toestaan dat je het kust.
Kom je het kalmeren?
Ik zal niet toestaan dat je het kalmeert.
Kom je het lastigvallen?
Ik zal niet toestaan dat je het lastigvalt.
Wil je het meenemen?
Ik zal niet toestaan dat je het meeneemt. [enz.]

Hielp zo'n incantatie niet, dan was er een krachtiger geneesmiddel: de moeder ving een muis en kookte die. Dan kon ze nog kiezen of zijzelf of het kind die muis opat. De botjes ervan werden in een linnen zakje gedaan en om de hals van het kind gehangen. Maar soms stierf het kind zo snel dat de botjes duizenden jaren later nog in het kinderskelet werden teruggevonden. Ze waren niet verteerd. Er zijn op een grafveld uit predynastische tijd nogal van dat soort kinderskeletjes teruggevonden.

Fracturen van ieder denkbaar lichaamsdeel en van iedere soort kwamen heel veel voor. Een gebroken arm of been kon redelijk goed worden gezet. Men werkte dan met spalken van hout of van de bast van de acaciaboom en het is heel goed mogelijk dat de gebruikte zwachtels eerst waren gedrenkt in hars of gips om die later beter te doen opstijven. Een goed behandelde dijbeenbreuk kon mooi genezen als er een vaardige arts in de buurt was, en zelfs al smeerde hij het been in met honing en *emeroe*, dit hoefde een goede genezing allerminst in de weg te staan, zoals blijkt uit vele voorbeelden. Liet men zo'n breuk echter op zijn beloop, dan kon die de oorzaak zijn van het overlijden van de patiënt, want van wat bacteriën kunnen aanrichten had men geen weet. Overigens bestaat er een papyrus die vertelt hoe een gebroken sleutelbeen moet worden behandeld, en daar is – ook alweer met uitzondering van honing en *emeroe* – niets op aan te merken.

Een heel ander soort fracturen dat bij veel mummies voorkwam, ontstonden *post mortem*. Ze werden veroorzaakt door weinig verantwoordelijke balsemers die te maken hadden met lichamen welke op zijn best niet al te vers meer waren. Balsemers konden echter ook piëteitvolle handelingen verrichten. Een mummie in het museum van Boedapest bezit een kunstneus van keurig gesneden hout, die met riempjes op zijn plaats werd gehouden. Hoe raakt een mens zijn neus kwijt? Meestal als straf voor bepaalde misdaden, zoals men ook beide handen kon kwijtraken; terwijl iemand die staatsgeheimen verraadde zijn tong moest missen . . .

Omdat het in het hiernamaals natuurlijk geen gezicht is als je daar zonder neus of handen aankomt – je moet tenslotte voor het gerecht in aanwezigheid van Osiris verklaren dat je geen enkele misdaad hebt begaan! – kon de balsemer daar veel aan doen. Zo kreeg een man wiens hand keurig glad en met veel kennis van zaken was afgezet, in het hiernamaals een kunsthand, gemaakt van linnen. Een stel rolletjes linnen werden aan een hoes genaaid – de vingers – en het geheel over de geamputeerde pols geschoven.

Lange tijd heeft men er zich over verbaasd waarom er zoveel schedelwonden beston-den. Bij modern röntgenologisch onderzoek bleek echter dat wat men voor een groot gat of een brede kloof in het schedeldak had aangezien een massa hars of iets derge-lijks was. Het jongetje Panechates echter had wel degelijk een ingeslagen schedel, een verminkt gezichtje en een gebroken been. Zijn mummie werd gevonden in Thebe en de onderzoekers waren er zo van ondersteboven – wie dóet tenslotte zoiets met een kind? – dat ze er een romantisch verhaal omheen weefden van een kleine troonpre-tendent. Er bestaat niet de geringste aanleiding om aandacht te schenken aan dit verhaal, het is pure fantasie.

Voor vrouwen was een lang leven vaak niet weggelegd. Een van de belangrijkste doodsoorzaken was sterven in het kraambed. Bij een bevalling was nooit een arts aanwezig, want dat was vrouwenwerk, ofschoon men in dit verband nauwelijks van vroedvrouwen kon spreken. De hygiëne rond de bevalling moet vaak gering zijn geweest. Daar kwam het merkwaardigste feit bij dat vele vrouwen een te kleine bekkendoorgang hadden. Dit is gebleken bij onder andere de mummie van koningin Hen-henet, een van de twee gemalinnen van Mentoehotep. Ze stierf in het kraambed en had een bekkendoorgang die volgens de onderzoekers niet groter was 'dan die van een chimpansee'. Ook de vrouw uit de predynastische tijd, wier mummie in het antropologisch museum van Turijn ligt, stierf tijdens een voortijdige bevalling van een zesmaands kind, waarvan het skeletje mét haar werd begraven.

De gynaecologie was overigens wel een erkend vak in Egypte en de papyrus Ebers geeft geneesmiddelen 'om de uterus te verfrissen en hitte te verdrijven'. Maar een bevalling, dat was en blééf strikt vrouwenwerk.

Mummieportret. *Een jeugdig en zeer vlot geschilderd portret; in het haar een lauwer-kransje van gouden blaadjes. Allard Pier-son Museum, Amsterdam.* ▷

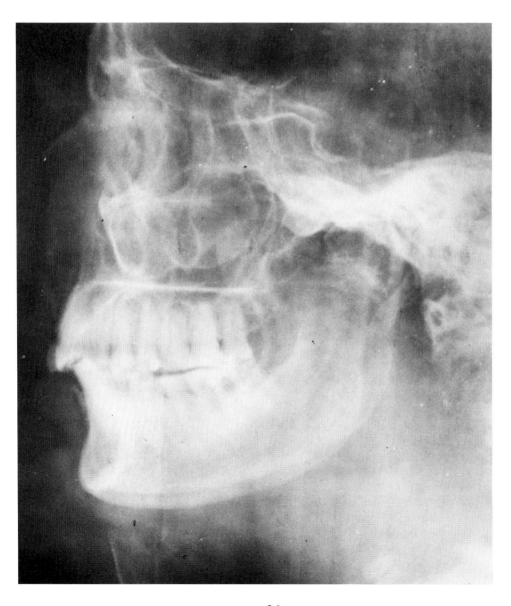

Röntgenfoto van de schedel van Nefer, *wiens mummie de oudst bekende echte mummie is. Ze werd gevonden in het graf van deze hofmuzikant bij de opgang naar de piramide van Oenas in Sakkara. Blijkens de foto bezat Nefer een uitstekend gebit.*

Beschimmelde farao

Ruzie onder egyptologen is niets nieuws. Reeds in de vorige eeuw werden er heftige ruzies uitgevochten rond de piramide van Cheops. Een van de laatste ernstige ruzies was die tussen Franse, Amerikaanse en Engelse archeologen over de mummie van Ramses II, die deerlijk aangetast zou zijn door onzorgvuldige behandeling in het museum van Cairo. Inderdaad verkeerde deze mummie in zéer slechte toestand, maar hoe kon dat eigenlijk, waar hij toch zo keurig lag uitgestald in zijn zware houten kist in de 'Mummy-room' van het museum? De directie van het museum liet er zelf geen twijfel aan bestaan: het was de schuld van de museale verzorging, maar ook van de Amerikanen, die de mummie voor het röntgenonderzoek uit de kist hadden gehaald en er later weer in teruggelegd. Ook de Fransen stemden hiermee in. En ziedaar, een komplete 'mummieoorlog' brak uit en kwam eerst weer tot rust toen de mummie van Ramses na een grote restauratie met volle eer, waaiende vlaggen, diplomatieke vertegenwoordigers en een voor de ontvangst totaal afgegrendeld museum terugkeerde op de plaats waar hij thuishoorde. Helaas keerde de mummie om onduidelijke redenen niet terug in de mummiezaal. Tegenwoordig is geen koningsmummie meer te bezichtigen door het publiek – wat overigens al meermalen is gebeurd! – omdat men er niet mee kan instemmen dat het publiek hen zo maar kan bekijken na betaling van een Egyptisch pond! Inmiddels is Ramses verhuisd naar een eigen vertrek: de nieuwe zaal 'War and Peace' – Oorlog en Vrede – in het museum, waar hij nu totaal onzichtbaar verhuld ligt onder een enorme lap blauw fluweel. En dat na al die moeite die men in Parijs heeft genomen om hem zo te zeggen weer als nieuw te maken!

Ramses II kwam in het nieuws toen een Engelse en een Amerikaanse krant het 'schandaal' aan het rollen brachten. De conservatie van de mummie werd ernstig bedreigd, verklaarden de experts, indien deze naar Parijs wordt gezonden. De hele infectie ervan met schimmels, micro-organismen en moderne insekten zou gewoon een politieke stunt zijn, omdat de verkiezingen in Frankrijk op handen waren!

De Fransen ontkenden het verontwaardigd en zeiden dat de Verenigde Staten en Engeland gewoon jaloers waren, omdat zij het niet eerder hadden ontdekt en de genezing niet mochten uitvoeren. De Fransen hadden de infectie het eerst ontdekt en meteen aangeboden deze zo kostbare mummie met de allernieuwste middelen in Parijs te cureren. Wat dan ook gebeurde. Ramses vloog in statie en met vorstelijke ontvangst aan het einde van zijn eerste luchtreis naar Parijs en werd er liefderijk opgenomen in de Musée de l'Homme, waar een hele wetenschappelijke staf tot zijn beschikking stond.

Intussen verscheen er – en dat was wel nodig ook – in Cairo het eerste rapport over de toestand van een der grootste koningen die Egypte ooit heeft gekend. Met lichte verontwaardiging werd daarin verteld dat Ramses slechts heel licht beschadigd was: er zat één grote teen los en die kon weer worden aangelijmd met een 'polyvinylacetaat-emulsie in een organisch oplosmiddel'. Voor de rest was er niets aan de hand. En men getuigde van grote verontwaardiging over die Fransen, die duidelijk op een politieke stunt uit waren.

Maar later moesten ze in het museum die woorden weer inslikken. Ramses II was wel degelijk besmet en niet zo'n beetje ook. De schimmels en micro-organismen mochten er dan nog mee door kunnen – dat komt meer voor –, maar die moderne insekten bewezen dat de kist niet goed was afgesloten na het röntgenonderzoek, en in een museum dat in de zomer snikheet en in de winter kil is en waar werksters de vitrines vol kostbaarheden met grote natte sponzen 'schoon' maken, gebeuren dan zulke dingen. De mummie van Ramses begon in te deuken en de Fransen verklaarden dat door te zeggen dat het onverantwoordelijke telkens openen en weer sluiten van de glazen deksels hier de oorzaak van was. Een mummie behoort luchtdicht te worden afgesloten – zoals in alle Europese en Amerikaanse musea het geval is –, wil men

De kop van de mummie van farao Ramses II *(1298-1231 v.Chr.). Egyptisch Museum, Cairo.*

hem in goede staat bewaren.

De beschimmelde mummie lag inmiddels in een operatiekamer in Parijs, volmaakt steriel opgeborgen, en werd daar vierentwintig uur per dag bewaakt, opdat er onder al die penibele omstandigheden niets mee kon gebeuren. Het uitgevoerde onderzoek werd onberispelijk verricht en men kwam nog meer van de koning te weten. Aan het einde van een behandeling met gammastralen was de koning weer zo steriel als maar gewenst kon worden. Hij werd in zijn kist gelegd en deze werd deugdelijk lucht- en vochtdicht verzegeld. Ramses kon weer heel wat jaren mee.

Intussen hadden de schandalen zich ontwikkeld. In het museum van Cairo kregen heel wat ambtenaren zich te verantwoorden over een paragraaf in een rapport dat ze over de mummie hadden opgesteld. Daarin verklaarden ze dat deze inderdaad besmet was met vooral micro-organismen doordat de sluiting van de kist niet deugde. En het stond langzamerhand wel vast: alleen in Parijs – en natuurlijk ook in Amerika en Engeland . . . – kon de koning worden gered van het Egyptische wanbeheer, dat op onvoldoende controle had berust. Maar eigen schuld en de daardoor veroorzaakte schade werd sterk gekleineerd om diverse gezichten te bewaren. De in Parijs gemaakte foto's spreken echter duidelijke taal, want het hele procédé van de restauratie is gedocumenteerd.

En nu ligt de grote man weer onder een linnen wade in zijn kist en blauw fluweel zorgt ervoor dat niemand hem kan zien, behalve nu en dan een bevoorrecht staatshoofd.

Om de koninklijke mummies is een hele controverse ontstaan. Waar moeten ze heen? In het museum laten in een speciale kamer, waar niemand in mag en waar men hen in de gaten kan houden? Opbergen in een fraai mausoleum? Bijzetten in een leeg koningsgraf en dat deugdelijk afsluiten en verzegelen? Of elke farao weer in zijn originele graf terugleggen?

Aan alle oplossingen kleven grote nadelen. Vooral aan de laatste. Opbergen elk in een eigen graf? Is men dan al vergeten hoe een koningsmummie op de hebzucht van een of andere onverlaat kan werken? Dat zo'n mummie een ontzaglijke handelswaarde heeft?

De man die Aboe Simbel bouwde en grote veldslagen won; die bij zijn vele gemalinnen meer dan honderd zonen verwekte en een onbepaald aantal dochters; de man die niet minder dan zevenenzestig jaren regeerde en tegen het einde van zijn lang leven niet kon lopen van de gewrichtsreumatiek en niet kon eten door zijn slecht gebit – die man presteert het opnieuw om een tijd lang in het wereldnieuws te komen. En welke koning die zo'n drieduizend jaar geleden heerste kan hem dat nadoen? Wat dat betreft, wie van zijn collega-farao's zat ooit in een vliegtuig?

Gouden kist van Toetanchamon *(1349-1341 v. Chr.). De koning is als Osiris afgebeeld. Museum van Cairo.*
◁

Graf vol mummiekisten. *De leeggeplunderde graven worden gebruikt als depot voor de vele opgegraven mummies en kisten bij Thebe. In dit graf van Pedamenope liggen vele kisten. Assasif, Thebe-West.*

101

De koningsmummies

Wat er uit tientallen eeuwen mummificeren over is aan bewaardgebleven lichamen van heersers over Egypte, is betrekkelijk gering. De oorzaken hiervan zijn velerlei. In het Oude Rijk werd er nauwelijks aan balsemen gedaan, maar wel zijn er wat overblijfselen uit die tijd, waarvan echter niet voor honderd procent vaststaat dat het mummies van koningen, of liever de schamele resten ervan, betreft. Uit het Middenrijk zijn er een gering aantal overgebleven. De grote tijd voor 'goede' mummies is de periode van het Nieuwe Rijk (1570-1075 v. Chr.) en kort daarna, toen het balsemen een zeer grote hoogte bereikte. De in musea liggende mummies uit die tijd zijn dan ook de beste die er bestaan, met als hoogtepunt bij voorbeeld de mummie van Sethi I (1312-1298 v. Chr.), die eerder een prachtig beeld lijkt dan een menselijk lichaam, zelfs al is het hoofd van de romp gescheiden, wat overigens niet zichtbaar is.

'Mooie' mummies zijn zo prachtig bewaard gebleven omdat de omstandigheden waaronder ze in hun tomben lagen optimaal waren voor goede conservatie. De van de buitenlucht afgesloten en heel diep liggende rotsgraven van bij voorbeeld de Vallei der Koningen garandeerden een constante temperatuur en vochtigheidsgraad van de lucht. Ruim dertig eeuwen konden de mummies er liggen – zelfs al waren ze door grafrovers uit de oudheid gemaltraiteerd –, zonder dat enig bederf optrad. Dat bederf, we zagen het al, zette in toen de mummies uit het graf werden gehaald en tentoongesteld werden. Niettemin blijft het een verbluffend feit dat het nog altijd mogelijk blijkt om van aangezicht tot aangezicht te staan tegenover wereldheersers uit Egypte's grote tijd, mannen die de geschiedenis een definitieve keer gaven of die na een revolutionaire tijd de vertrouwde oude godsdienst weer in ere herstelden.

Dat het uitwikkelen van mummies – vooral in de vorige eeuw een geliefde bezigheid – zeer slecht was voor het behoud ervan, is overduidelijk gebleken. Een tientallen eeuwen bestaand evenwicht binnen een omhulsel van een aantal kisten en windsels werd ernstig verstoord en de gevolgen bleven niet lang uit. Door het blootstellen aan de open lucht traden er chemische reacties op die nog niet allemaal bekend zijn. De samenhang van de weefsels gaat verloren of verandert, bacteriën en vooral microscopisch kleine schimmels krijgen hun kans in spieren en pezen. Komt daarbij dan nog een slechte wijze van opbergen, zoals helaas bij nogal wat koningsmummies gebeurd is, dan is de schade niet te overzien en kan alleen – zoals bij Ramses II – een kostbare behandeling de mummie nog redden.

Beginnend bij het Oude Rijk (2750-2258 v. Chr.) bezitten we enige mummieresten die behandeld waren volgens de toen gevolgde methode, welke alleen voor koningen werd gebruikt: men modelleerde in verwarmde hars gedrenkte linnen doeken over gelaat en lichaam en verkreeg daardoor een vaak verrassend fraai geheel dat niets gemeen had met de mensvormige pakketten die men later maakte. Een voorbeeld van een dergelijke behandeling is een linkervoet die was gewikkeld in een hard geworden, in hars gedrenkte lap. Deze lap was als het ware een gietvorm geworden. De voet stond er haarscherp in afgedrukt met iedere pees van iedere teen duidelijk zichtbaar. Deze voet moet bijna zeker afkomstig zijn van farao Djoser, de bouwheer van de trappenpiramide. De wijze waarop de voet werd gevonden wijst hier op. In 1932 bezocht namelijk de Franse archeoloog Lauer (die nog altijd in Sakkara werkt!) de trappenpiramide om te zien wat hier aan conservatie gedaan kon worden. Hij was niet de eerste die Djosers graf bezocht; vóór hem waren er reeds anderen in geweest. In het graf stond geen sarcofaag en het werd dan ook als leeg beschouwd. De meeste oudheidkundigen hadden even een blik in het graf geworpen en waren toen weer weggegaan. Lauer wist dat een plug van vier ton graniet de toegang tot de grafkamer belemmerde en dat het ondoenlijk leek daarlangs te komen. Maar Lauer was in die tijd heel mager; dieven uit de oudheid hadden de plug een heel klein beetje verschoven en er was een spleetje waar men zich met heel veel moeite en de armen omhoog misschien langs kon wurmen. Het lukte Lauer zowaar! En in het stof van de kamer deed hij een op het oog weinig aanzienlijke vondst, die echter belangrijk genoeg bleek: hij kon een paar fragmenten oprapen van ribben en een borstbeen plus die reeds genoemde linkervoet – de oudste stukjes mummie die ooit gevonden waren.

In 1926 was al een dergelijke vondst gedaan door Battiscombe Gunn, die een deel van een wervelkolom en een fragment van een bekken vond. Hij nam die mee naar het museum in Cairo en borg de fragmenten daar op. Waren het stukken van de mummie van Djoser? Het leek waarschijnlijk na de vondst van Lauer zes jaar later.

De beroemde 'Cachette'. *Rechtsonder is de plaats van een graf uit het Middenrijk, waarvan de latere farao Pinodjem I (ongeveer 1000 v.Chr.) een soort mausoleum maakte en een groot aantal koninklijke mummies werd bijgezet. De plek bleef geheim tot 1880 toen de Rassoels het graf ontdekten als ware schatkamer.*

Alle stukken waren namelijk duidelijk afkomstig van eenzelfde man, die oud, maar nog sterk was ten tijde van zijn dood. Ook in 1821 had men reeds een paar stukken gevonden, die echter verloren gingen bij een schipbreuk! Het was duidelijk dat dieven het lichaam van de koning in stukken hadden gebroken, mogelijk om die gemakkelijk te kunnen vervoeren.

De mummie die op die van Djoser volgt, behoorde toe aan farao Djedkare uit de 5de dynastie (2565-2420 v. Chr.) en alleen de linkerhelft was nog aanwezig. De in zeer slechte staat verkerende mummie lag nog in zijn piramidegraf in Sakkara. Er waren

103

pogingen gedaan om te mummificeren en zijn organen waren in een kuiltje verborgen. De canopen waren gebroken. Van koning Oenas vond men een linkervoorarm met de hand er nog aan en twee beenderen van de schedel waar de haren nog aan zaten. Dit voorbeeld van mummificatie verkeerde in fraaie staat en men had dus al behoorlijke vorderingen gemaakt.

Dan moet er gewacht worden tot de 11de dynastie (2134-2040 v. Chr.) eer er twee Middenrijk-mummies opduiken. Helaas zijn die niet van koningen afkomstig, maar van twee prinsessen die behandeld waren volgens de goedkope methode met de 'cederolie'. Het waren de mummies van twee koninklijke gemalinnen van koning Mentoehotep.

Detail van het houten mummiemasker van Amenhotep I *(1545-1520 v.Chr.). Egyptisch Museum, Cairo.*

Uit de 17de dynastie (vóór 1570 v. Chr.) hebben we de mummie van farao Sekenenre, die er duidelijk op wijst dat deze koning óf werd vermoord, óf sneuvelde in een slag tegen de Hyksos die Egypte toen bezetten. De mummie is slecht gemaakt – en dat pleit voor de laatste theorie –, mogelijk doordat men dit werk ter plaatse moest doen. Kennelijk had men haast gehad, want de hersens waren niet verwijderd en mogelijk was er zelfs geen natron gebruikt. Het kan dat het lichaam reeds in staat van ontbinding verkeerde toen men het behandelde, want de wervels zitten los en zijn verschoven doordat de windsels veel te stijf waren aangetrokken. Bovendien verspreidde de mummie een zeer onaangename stank.

Tijdens zijn leven moet Sekenenre een knappe kerel zijn geweest, lang en gespierd, met dicht zwart krulhaar en een nog mooi gebit ondanks het feit dat hij al een jaar of veertig moet zijn geweest. Zes diepe en grote wonden in gezicht en schedel wijzen op het gewelddadig eind. Daar hij in de strijd tegen de Hyksos was gewikkeld, wijst dit toch ook wel op een dood op het slagveld. Met knots en strijdbijl waren de wonden aangebracht. Zijn neus was ingeslagen met de steel van een bijl en een piek of lans

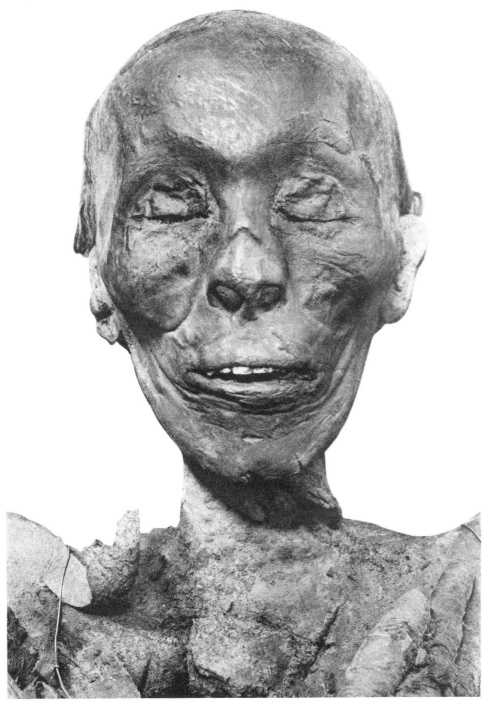

Thoetmoses II *(1508-1490 v. Chr.). Egyptisch Museum, Cairo.*

veroorzaakte een diepe wond in het linkeroor, waarna de punt bleef steken in een van de halswervels. Het lichaam zelf was niet gewond en dat kan er op wijzen dat de koning tijdens de strijd was gevallen en werd afgemaakt door minstens twee vijanden.

De mummies van de koningen uit de 18de dynastie (1570-1314 v. Chr.) tonen een opvallend sterke gelijkenis met elkaar, maar ook met hun stammoeder koningin Tetisjeri. Koning Amenhotep I (1545-1520 v. Chr.) was door de priesters uit de 21ste

105

dynastie – dus vijf eeuwen later, toen de vorstelijke mummies werden gerestaureerd – zo mooi en vakkundig ingewikkeld dat men besloot hem niet uit te wikkelen, in tegenstelling tot de andere farao's, die allen van hun windsels werden ontdaan. Röntgenfoto's die later werden gemaakt toonden aan dat hij een jaar of vijfenveertig was. De dieven hadden zijn rechterhand afgerukt en de beide voeten van de benen afgewrongen. Hij was gehuwd met zijn zuster Merit-amon, kennelijk een staatshuwelijk om het recht op de troon te bevestigen, want de mummie van deze gemalin toonde aan dat ze allesbehalve mooi was en een hoge rug had. Ze stierf jong, een jaar of dertig oud, en schonk haar echtgenoot alleen dochters.

Een zoon van een heel wat minder belangrijke koningin werd toen troonopvolger. Dat was Thoetmoses I (1520-1508 v. Chr.), die huwde met zijn halfzuster Ahmose, een van de dochters van Merit-amon. En met deze mummie komen we aan een mysterie. Was hij wel wie hij pretendeerde te zijn? Hebben we hier te maken met een door de priesters gemaakte fout? Volgens de geschiedkundige feiten moet Thoetmoses een jaar of vijftig zijn geweest toen hij overleed, maar de mummie was er onweerlegbaar een van een jongeman van nog geen achttien jaar oud. Maar om zijn nek hing het label met de naam van Thoetmoses erop… Waar is de mummie van de échte Thoetmoses gebleven? Ook deze Thoetmoses beschikte niet over een zoon van zijn Grote Gemalin, en de opvolger, de latere Thoetmoses II, was weer een zoon van een minder belangrijke vorstin. Hij huwde met de 'echte' prinses Hatsjepsoet, die later, toen ze regentes was voor de minderjarige wettige troonopvolger Thoetmoses III, de titel van farao aannam en haar pupil aardig onder de duim wist te houden, tot hij zich na haar dood ontpopte als een van de heel grote veldheren van Egypte.

Thoetmoses II stierf jong, een jaar of dertig oud en het slachtoffer van een slopende kwaal die hem totaal uitmergelde. Zijn mummie werd door grafrovers aan stukken gebroken. Van koningin Hatsjepsoet is geen mummie bekend, al heeft men lange tijd de mummie van koningin Teje voor de hare aangezien.

Thoetmoses III (1490-1436 v. Chr.) was een kleine dikke man en zijn mummie werd door de rovers in drie stukken gebroken, die door de priesters keurig werden gespalkt met kleine witgeschilderde roeiriemen! Bij hem werd voor de eerste keer een nieuwe incisie toegepast voor het leeghalen van de buikholte. De snede werd nu evenwijdig aan de lies gemaakt en was vrij lang.

De zoon van Thoetmoses III was Amenhotep II (1436-1413 v. Chr.), die stierf op zijn vijfenveertigste. Hij werd opgevolgd door zijn zoon Thoetmoses IV (1413-1405 v. Chr.), die dus maar kort regeerde. Hij moet ernstig ziek zijn geweest. Hij stierf toen hij tussen de dertig en veertig jaar oud was en zijn mummie is slecht geprepareerd. Zijn zoon Amenhotep III (1405-1367 v. Chr.) was een groot sportman, maar hij kreeg later een heel slechte gezondheid, terwijl zijn gebit hem last moet hebben bezorgd. Hij schijnt dol te zijn geweest op buitenlandse gemalinnen, want hij bezat een uitgebreide harem van internationale koninginnen en prinsessen, maar de ware baas in huis zal koningin Teje zijn geweest, die grote invloed moet hebben uitgeoefend op haar hele omgeving en niet het minst op haar eigen kinderen. Het was gebruikelijk dat de Grote Gemalin een koninklijke prinses was. Teje was dat niet. Haar ouders, Joeya en Toeya, waren qua stand hoog genoeg, maar van vorstelijken bloede waren ze allerminst. Dat ze niettemin een graf in de Vallei der Koningen kregen, spreekt wel voor Teje's machtige invloed in de koninklijke hofhouding.

Van Amenhoteps mummie is men niet helemaal zeker. Deze werd wel in de Cachette gevonden, maar de behandeling ervan hoorde niet thuis in de tijd waarin hij leefde. De mummie is namelijk met leem onder de huid gemodelleerd en dat is een techniek die pas in de 21ste dynastie, dus een kleine vier eeuwen later, werd toegepast.

De zoon van Amenhotep III en Teje, de omstreden 'ketterkoning' Echnaton, Amenhotep IV (1367-1350 v. Chr.), volgde zijn vader op en bracht door zijn invoering van een monotheïstische staatsgodsdienst, die regelrecht inging tegen de officiële Amondienst, het hele land in rep en roer. Zijn mummie is nooit gevonden en het is niet onmogelijk dat die kort na zijn dood werd vernietigd. De mummie van zijn broer Smenchkare (1352-1349 v. Chr.) werd eerst aangezien voor die van Echnaton en ook voor die van Teje, omdat deze in een kist van de koningin lag. Hij stierf toen hij een jaar of twintig was en dus kan de mummie nooit die van Echnaton zijn geweest, terwijl ook de anatomische bijzonderheden erop wezen dat hij geen vrouw (Teje) was.

En zo komen we dan bij de mummie van zijn opvolger, zijn (half)broer Toetancha-

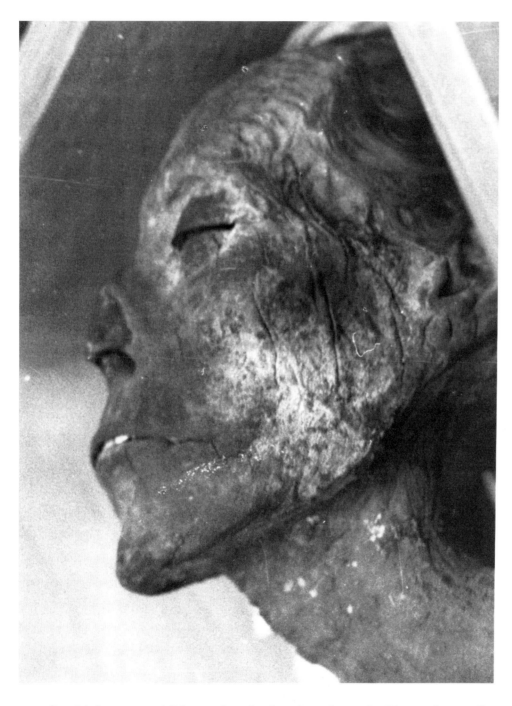

Amenhotep II *(1436-1413 v. Chr.). Egyptisch Museum, Cairo.*

ton, die zich later, toen hij het oude geloof opnieuw invoerde, Toetanchamon liet noemen. Zo onbelangrijk als Toetanchamon als vorst was, zo belangrijk is hij gebleken voor de egyptologie, omdat met het openen van zijn graf in 1922 voor het eerst een vrijwel ongeschonden koningsgraf zichtbaar werd. Van zijn negende tot zijn dertiende jaar leefde Toetanchamon als kind in het paleis van koningin Nefertiti – wier mummie ook nooit is gevonden – in de nieuwe, door Echnaton gestichte hoofdstad Achetaton. Daarna verhuisde hij met het hele hof terug naar de oude hoofdstad Thebe, waar hij gekroond werd in de tempel van Luxor. Door de vondst van zijn graf weten we nu heel wat van de begrafenisvormen uit zijn tijd af, al hadden helaas de grafrovers de hele inhoud ondersteboven gekeerd bij hun zoeken naar schatten (die in overdaad aanwezig waren), toen ze kort na de begrafenis in het graf doordrongen.

Het onderzoek van Toetanchamons mummie, die bijna helemaal verkoold was door natuurlijke verbranding, leverde een paar niet opgeloste vraagstukken op. Waarom had deze farao als enige een gladgeschoren schedel, wat eigenlijk voorbehouden was aan priesters? Om het kale hoofd sloot strak een linnen kapje, waarop met blauwe en gouden kraaltjes een prachtige uraeus was geborduurd. Toetanchamons mummie is

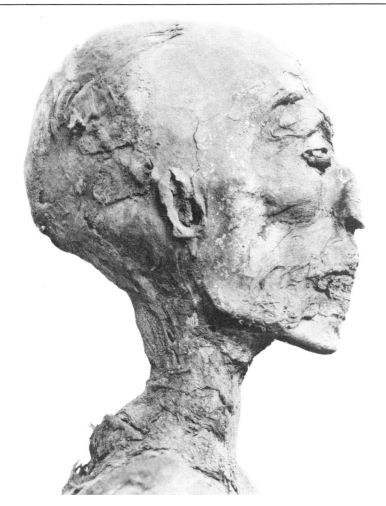

△
Mummie van Ramses IV.

Mummie van Ramses V.
▽

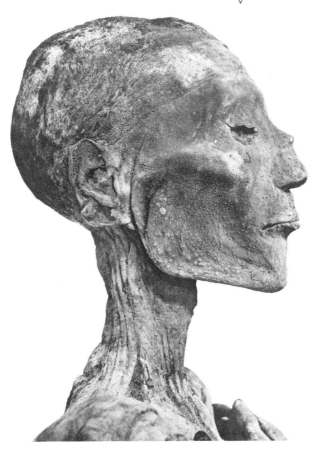

Mummie van Ramses VI.

108

volledig uitgedroogd. Tussen huid en bot van zijn kuiten is niet meer dan enige millimeters spierweefsel gevonden. Zijn linkerwang was beschadigd, maar of dit door een moordaanslag werd veroorzaakt of dat hij is gevallen en zwaargewond raakte, weten we niet. Evenmin waaraan hij stierf. Hij had net als zijn twee (half)broers Echnaton en Smenchkare een zwakke gezondheid en ze zijn dan ook geen van drieën oud geworden. De sterfdag van Toetanchamon is vrij nauwkeurig te preciseren. In het graf lagen korenbloemen en bloemen van de alruin. Deze bloeien in Egypte in maart en april. Trekt men hiervan de zeventig dagen voor het balsemen af, dan komt men tot een dag in januari van het jaar 1341.

Op de volgende pagina's: de duizenden rotsgraven van Thebe-West. *Hier enkele grafingangen bij Sjeich Abd el-Qoernah.*

Merneptah *(1231-1222 v. Chr.). Egyptisch Museum, Cairo.*

De mummies van hen die rond zijn dood een rol speelden in de Egyptische geschiedenis, zijn jonge vrouw Anchesenamon (dochter van Echnaton), Eje en Horemheb zijn nimmer gevonden. De eerstvolgende koningsmummie is die van Ramses I, die de 19de dynastie (1314-1200 v. Chr.) stichtte. Ramses I was al oud toen hij op de troon kwam en regeerde maar kort: één jaar en vier maanden. Hij was bij zijn dood nog groot en gespierd en zijn haar was kort afgeknipt. Zijn zoon Sethi I was niet groot, ongeveer 166 cm lang. Zijn genitaliën werden apart gebalsemd en ingepakt, een

109

nieuwe methode. De dieven braken zijn hoofd af en scheurden zijn oorlel kapot omdat daar kennelijk een kostbare oorhanger in was aangebracht. Vreemd was dat zijn gemummificeerde handen een dusdanige houding hadden dat ze nooit op de gebruikelijke wijze een kromstaf en een gesel hadden kunnen vasthouden.

Zijn zoon Ramses II (1298-1231 v. Chr.) werd ruim negentig jaar oud. Hij liep wat kreupel, wat hem niet belette een groot veldheer te worden, al overdreef hij mogelijk wat met zijn heldendaden. Hij had een heel slecht gebit.

Zijn zoon Merneptah (1231-1222 v. Chr.) wordt nog wel aangezien voor de boze farao van de Exodus. De reden waarom Merneptah als Exodus-farao werd

beschouwd, was het feit dat zijn mummie was overdekt met witachtige plekken, die men voor zout hield. Men zag hierin het 'bewijs' dat hij in de Rode Zee verdronken moest zijn, maar daar klopt niets van. Wel was de mummie na de natronbehandeling heel slecht gewassen, zodat de natron later weer naar buiten kwam.

Zijn opvolgers waren Amenmesse, die heel kort regeerde, en Sethi II, wiens hoofd en armen door de dieven werden gebroken. Dan volgt koning Siptah (1222-1216 v. Chr.), van wie we al zagen dat hij als kind aan polio leed en er een misvormd been aan over hield. Hij stierf jong, tussen de twintig en dertig jaar, na een heel zwakke regering. Zijn opvolgster was koningin Taoesert, die met een even zwakke regering de 19de dynastie afsluit. In de 20ste dynastie (1200-1075 v. Chr.) heerste Ramses IV, die zich er op beriep dat hij door heel Egypte bomen liet planten, opdat de mensen zich zouden verheugen in de schaduw ervan. Toch was het volk niet altijd tevreden tijdens zijn bewind, en toen vonden ook de eerste stakingen in de geschiedenis plaats. In die tijd had ook een haremsamenzwering plaats. Of Ramses III (1198-

Vleesoffers. *In het graf van Thoetmoses IV (1413-1405 v.Chr.). Het gaat hier om rundvlees: schenkels, bouten, ribstukken die op de foto nog gedeeltelijk zijn ingewikkeld. Dergelijke hoeveelheden vlees, dat netjes gemummificeerd was, zijn in diverse koningsgraven aangetroffen, onder andere in dat van Toetanchamon.*

1166 v. Chr.) werd vermoord of door natuurlijke oorzaken stierf weten we niet. Wel dat het gezicht van zijn mummie een nachtmerrie van griezeligheid is en daardoor graag wordt gekozen als voorbeeld van een echte filmgriezel. Na hem volgden er nog zeven farao's met de naam Ramses.

Van de latere koningen is veel minder bekend. Koning Psoesennes I (1054-1009 v. Chr.) verplaatste de regering naar de stad Tanis in de Delta en werd daar ook begraven. Zijn mummie verkeerde in heel slechte toestand en was niet veel meer dan een geraamte. Hij leed aan reumatiek van de ruggegraat en moet veel pijn hebben gehad. Een even slechte mummie kennen we van koning Sjesjonk I (935-914 v. Chr.) Hij

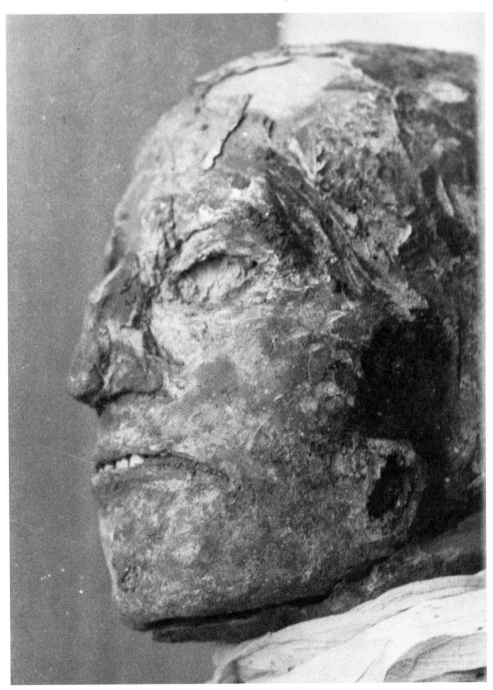

Ramses III *(1198-1166 v.Chr.). Egyptisch Museum, Cairo.*

werd een jaar of vijftig en leed aan een ernstige ziekte van het bot van de schedel, wat uiteindelijk tot meningitis leidde. De mummies van alle farao's uit deze tijd verkeren in heel slechte toestand, in tegenstelling tot die van hun in het droge zuiden van Thebe heersende voorgangers. In de betrekkelijk vochtige Delta bleek het onmogelijk een goede mummie te maken. Het grondwater tastte de mummies heel zwaar aan, al werden de voorwerpen uit hun rijk ingerichte graven in goede conditie te voorschijn gebracht, voor zover ze van zilver en goud, faïence en albast waren.

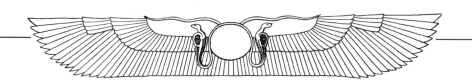

Roddel rond een prinses

Ze heette prinses Makare en droeg de allerhoogste vrouwelijke titel van het hele land: Godsvrouwe van Amon in Karnak. We weten heel weinig van haar leven en of er rond haar enige roddel vermeld werd. Maar die roddel ontstond wel in de 19de eeuw, toen haar mummie werd gevonden. Wat was er aan de hand? Deze zo hooggeplaatste dame, officiële echtgenote van farao Pinodjem I van de 21ste dynastie, was geen maagd zoals ze behoorde te zijn, maar had omgang gehad met een man in plaats van alleen met de god waaraan ze zich gewijd had. De gevolgen bleven niet uit. Makare werd zwanger, stierf in het kraambed en werd tegelijk met haar doodgeboren dochter gebalsemd en begraven.

De zaak-Makare deed heel wat stof opwaaien en er werden rond haar en haar baby alle mogelijke theorieën opgebouwd. Want het kón gewoon niet. Een Godsvrouwe, altijd een dochter van de koning, die in de tempelhiërarchie een absoluut soevereine rol speelde en die om zo te zeggen alleen met Amon naar bed mocht, kon niet een dergelijke wandaad bedrijven. En daar waren de roddels al!

Makare werd, zoals in die vroege tijd van de egyptologie de gewoonte was, uit haar windsels gehaald en toen zag men iets vreemds. Volgens een onderzoek uit die tijd zou ze een kind hebben gebaard en om hierop nog eens de nadruk te leggen hadden de balsemers haar dusdanig opgevuld dat ze er zwanger uitzag. De dode vrucht van haar schande werd eveneens gebalsemd en tegen haar aangelegd. Het kind heette Moetemhat en dat stond op de sarcofaag. De titel van de moeder op de sarcofaag luidde: Dochter des konings en Grote Gemalin van de koning. Maar hoe valt dit te verklaren indien een godsvrouwe alleen met Amon en dus nooit met een koning kon trouwen? Dat raadsel werd al gauw opgelost. De titel kon ook anders gelezen worden: Dochter des konings en dochter van de Grote Koninklijke Gemalin. Dat klonk al logischer, maar daarmee werd het laakbare gedrag van deze koninklijke dochter nog niet verklaard. Ze kon dank zij deze titel rustig godsvrouwe worden, maar natuurlijk nooit zwanger. En waar was daar de verklaring voor? Een nieuwe ontdekking werd gedaan: het dode kind heette helemaal niet Moetemhat, maar het was wel onweerlegbaar de tweede naam van prinses Makare.

Maar de roddel was niet tot zwijgen te brengen. Alles goed en wel maar dat kind wás er – hoe het dan ook heten mocht – en daar kon men niet omheen. Was Makare dan misschien na haar bevalling met de dood bestraft en met het dode kind begraven? Was het kind een onverwacht gevolg van een mogelijk rituele tempelprostitutie die Makare gepleegd zou hebben? Was de dode baby een soort ondergeschoven kind van iemand anders, omdat de echte baby was blijven leven? En waarom zou men zoiets doen? Was de dode baby dan toch een kind van farao Pinodjem zelf? De ene theorie na de andere werd opgebouwd en heftig bestreden en niemand werd het met iemand anders eens. Tot 1968 toe.

Toen werden de mummies van zowel Makare als van het dode kind geröntgend en de naam van de prinses gered. De baby was helemaal geen vrouwelijk kind, maar wel een vrouwelijk baviaantje... Dat was keurig gemummificeerd en tot een net rond pak ingewikkeld.

En meteen waren er talloze nieuwe theorieën. Waarom die aap? Wie nam er nu een aap mee in de sarcofaag? Was dat een vervanging van de echte baby? Had men Makare die dode baviaan meegegeven zoals men ook wel een baviaan op een rond stukje linnen schilderde, dat dan onder de mummie werd gelegd om het koude lichaam 'innerlijke warmte' te geven? Men werd het natuurlijk niet eens, maar een nuchtere oplossing ligt toch duidelijk voor de hand.

Prinses Makare had een halfzuster, Esemachbit genaamd. Deze zuster was de echtgenote van farao Pinodjem en mocht gewoon kinderen krijgen. Of dat gebeurd is weten we niet, want de mummie werd nooit onderzocht, omdat deze zo perfect was ingewikkeld dat men die bewaarde als beste voorbeeld van de balsemkunst in de 21ste dynastie. Maar koningin Esemachbit kreeg ook iets mee in haar sarcofaag: een gemummificeerde antilope. En geen mens die daarbij aan een of andere duistere betekenis dacht.

Toch kan de oplossing voor de hand liggen, maar die is zoals vaak vervelend nuchter. Zowel de baviaan als de antilope waren de troeteldieren – iets heel gewoons in het oude Egypte – van de beide prinsessen geweest en ze wilden die in het hiernamaals bij zich behouden om ermee te spelen en hen te verwennen.

Een aardige conclusie over de zaak-Makare geeft de Franse egyptoloog Yoyotte: 'Met een naam binnen een cartouche en de titel van een celibataire die vergeleken kan worden met die van de allerhoogste aanbidsters der goden, is Makare nooit getrouwd geweest, behalve met de enige god van Thebe.'

En dat was Amon.

△
Mummie van koningin Makare. *Museum van Cairo.*

◁
Gemummificeerde baviaan *van koningin Makare. Museum van Cairo.*

115

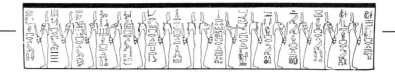

De zestig soldaten van de koning

Was het toeval waardoor de archeoloog Winlock een zo belangrijke vondst deed? Of kwam het doordat hij niet helemaal vrij was van jaloezie, omdat het Howard Carter gelukt was een bijna ongeschonden koningsgraf te vinden en hij nu druk bezig was dit leeg te halen? In ieder geval was Winlock niet aanwezig op de plaats waar iedereen heengetrokken was, maar zwierf hij door de bergen rond Deir el-Bahari. Hij had nog altijd een niet ongegronde hoop dat het hem ook eens zou gelukken een ongeschonden graf te vinden. Hij was bezig met opgravingen rond Hatsjepsoets dodentempel en zijn aandacht was getrokken door iets wat een opening in de rotsen hoog boven hem zou kunnen zijn. De heuvelhelling, heel steil en vol losse rotsblokken, lag boven het graf van de koningin, dat ze had laten uithakken toen ze zichzelf nog niet tot farao had laten uitroepen.

In de buurt lagen de grote rotsgraven van de koningen van het Middenrijk ongeveer op één lijn, maar een eind lager lag een grote aardstorting van rotsblokken en het zag er naar uit dat die de ingang van een graf verborg dat nog door niemand was ontdekt. Op een middag nam Winlock een paar werklui mee en begaf zich langs een moeilijke en vrij gevaarlijke weg naar de plaats waar hij dat graf vermoedde. Hij liet een aantal rotsblokken verwijderen en inderdaad, het wás een graf, maar wat een teleurstelling! Het lag vol slordig opeengehoopte dode lichamen, die een walgelijke stank verspreidden.

Kennelijk waren rovers hem voor geweest en hadden de lichamen beroofd en kapot gemaakt.

Winlock hoefde niet lang rond te kijken. Koptische monniken, meende hij en hij liet het graf weer afsluiten en keerde naar zijn werk terug. Maar het liet hem toch niet los. Was hij niet wat voorbarig geweest? Drie jaar later opende hij opnieuw het graf met de bedoeling het nu grondig te onderzoeken en dan vooral de windsels die mogelijk enig licht zouden kunnen werpen op de tijd waar-

uit de 'monniken' stamden. En opdat zijn werklui een beetje enthousiast zouden worden voor hun – weinig aangename – werk beloofde hij vijf piaster aan degene die hem een stuk linnen met een of ander merk erop zou brengen.

En wat Winlock had gehoopt werd waarheid: hij hád een ontdekking gedaan. Want de vlijtige arbeiders brachten hem het ene stuk gemerkt linnen na het andere, tot hij er zestig bij elkaar had! En niet minder dan negenentwintig hiervan droegen merken van het linnen dat aan het hof gebruikt was en waarvan men er al een aantal had gevonden op de windsels van twee concubines van koning Mentoehotep uit de 11de dynastie (2040-1991 v. Chr.).

Winlock had de vondst van zijn leven gedaan. Hij vond zestig soldaten die gesneuveld waren in dienst van deze farao.

Het graf zelf was eenvoudig. Het bestond uit een rechte gang die doorsneden werd door twee zijgangen. Elk van die gangen eindigde in een klein vertrek van niet meer dan een meter hoog. Winlock rekende uit dat de lichamen in drie lagen op elkaar gestapeld moesten zijn geweest, wilde men die allemaal in die kleine kamertjes kwijt. Er stonden ook twee lege sarcofagen, waarvan de betekenis later duidelijk werd.

De dieven die in het graf waren binnengedrongen op zoek naar schatten, hadden alle mummies naar de grote gang gesleept en hen daar 'onderzocht', dat wil zeggen uitgewikkeld en kapot gemaakt op zoek naar amuletten en andere kostbaarheden. Ze openden het graf tijdens de 15de dynastie – omstreeks 1600 v. Chr. – in een tijd van grote onrust in het land vanwege de strijd tegen de heersende Hyksos. Na hun plundering moet de ingang zijn dichtgestort, wanneer weten we niet.

Dat de mummies die van soldaten waren, bleek al gauw uit hun toestand. Allen waren zo zwaar gewond tijdens een of andere slag, dat ze aan die wonden overleden waren. Bovendien waren vier van hen boogschutters geweest,

zoals werd bewezen door een stukje leer om de pols waardoor werd voorkomen dat de boogpees tegen de arm sloeg na het schot.

Duidelijk was dat de zestig mannen tot een keurkorps hadden behoord. Geen van hen was korter dan 1 meter 70 en allen waren stevig gespierd en tussen de dertig en veertig jaar oud. Vier van hen waren bovendien oudgedienden, die genezen oorlogswonden hadden. Ze hadden kennelijk een voorkeursbehandeling ondergaan en waren allen ingewikkeld. Achtenvijftig waren er in twintig lagen windsels verpakt die te zamen één centimeter dik waren. Maar twee anderen waren duidelijk hun officieren. Ze waren in vierentwintig lagen windsels verpakt die vijf centimeter dik waren. Het was duidelijk dat de twee lege sarcofagen voor hen bestemd waren geweest.

Hoe waren deze zestig mannen gesneuveld? Ze moeten hebben deelgenomen aan een of andere slag die een zware tol van het leger moet hebben geëist. De door hen opgelopen dodelijke wonden toonden een treffende gelijkenis. Het merendeel hiervan bevond zich in hoofd en nek en ze waren veroorzaakt door van bovenaf geworpen zware rotsblokken die bij sommigen de schedels verpletterd hadden, door ebbehouten pijlpunten die in de mummies werden teruggevonden en door van bovenaf geworpen lansen. Hebben de mannen een hooggelegen vesting bestormd? Maar er zijn ook gevechten van man tegen man met bijlen geweest. Had die veldslag later plaats? Sommige mummies tonen duidelijk aan dat gieren aan hun lichamen hadden gegeten, wat er op wijst dat ze een tijd op het slagveld bleven liggen.

De mannen zijn niet echt gebalsemd. Er is geen buikincisie en de hersens waren niet verwijderd. Mogelijk heeft men hen zoals ze waren eerst een tijdlang in het hete zand begraven om hen enigszins te conserveren. Dit zou kunnen blijken uit het grove zand dat gevonden werd in hun haar, op de huid en in ogen en mond. Andere archeologen houden het erop dat dit zand was gebruikt bij de balseming. Het gaat hier niet om woestijnzand, dat meestal fijn is, maar om de veel grovere korrels van het zand dat pleegt te liggen waar droge rivierbeddingen in de woestijn uitmonden.

De inwikkeling van de mannen toont aan dat men de lichamen behandelde zoals ze gevonden werden: sommigen van hen netjes rechtgestrekt, anderen in een ineengekrompen houding. Na de inwikkeling legde men hen in het graf dat zo droog was dat de toestand van de mummies redelijk goed bewaard bleef. Wel waren onder het gewicht van de bovenste mummies de onderste in elkaar gedrukt. Dat deze geplunderde en gebroken mummies, die ook nog gestorven waren onder benarde omstandigheden, weinig aangenaam waren om naar te kijken zal niemand verbazen.

Ze waren echter nog niets vergeleken bij de man die wel 'de onbekende prins' wordt genoemd. Hij leefde veel later dan de zestig soldaten, namelijk tijdens de regering van Ramses III (1198-1166 v. Chr.) en het is heel goed mogelijk dat hij behoorde tot degenen die binnen het paleis van de farao een plan beraamden om de koning te doden. Dat zou veel kunnen verklaren van een aantal merkwaardige feiten die bij het vinden van zijn mummie opvielen.

Deze mummie werd gevonden in de 'cachette' van Deir el-Bahari en wie zich bij dit illuster gezelschap van vorstelijke mummies bevond moest zelf ook wel van koninklijken bloede zijn. Maar hij lag in een heel simpele kist, zonder naam of enige inscriptie. Hij was netjes ingewikkeld, maar op de mummie lag een schapevel en dat was uiterst ongebruikelijk, omdat wol als zo onrein werd beschouwd dat geen priester deze stof dragen mocht en men zich niet met wollen kleren in een tempel kon vertonen. Dat bij een begrafenis iets van wol zou worden gebruikt was ondenkbaar. En toch lag dat vel daar ...

De uitwikkeling van de mummie, die plaatsvond in 1886, verklaarde veel. De Franse archeoloog Mathey heeft dit proces beschreven en het moet werkelijk een gruwelijke ervaring zijn geweest.

Na het verwijderen van de windsels werd men geconfronteerd met 'een vettige witte laag' die 'precies leek op deeg'. Dit deeg bleek heel zuur te zijn. Mathey geeft een zeer levendige beschrijving: 'Op dat ogenblik werden wij allen van walging vervuld ... stinkende gassen kwamen vrij ... het deeg was zeer hygroscopisch en trok alle vocht uit de lucht aan ... De laag moest stukje bij beetje verwijderd worden.' Toen deze laag eindelijk verwijderd was – en we weten nog altijd niet waaruit die heeft bestaan – en men de man zelf eindelijk zag, werd de afschuw der onderzoekers nog groter. Want: '... geen aangelaat heeft ooit op zo juiste wijze een beeld van een dermate aangrijpende doodsstrijd getoond. Zijn gelaatstrekken waren afgrijselijk vertrokken en toonden beslist aan dat deze ongelukkige mens met opzet verstikt was. Het meest waarschijnlijk is dat hij levend werd begraven. Er zijn bewijzen om deze dramatische theorie te staven. Het lichaam werd begraven zonder de gebruikelijke balseming (*dit bleek later onjuist te zijn*), de hersens waren niet verwijderd en alle inwendige organen waren intact. De armen waren stijf tegen het lichaam gebonden en de benen tegen elkaar ... Ik kan slechts twee theorieën bedenken die bij deze feiten passen: ten eerste dat de man levend werd begraven; ten tweede dat hij stierf in een stuiptrekking door het innemen van vergif.

De mummie is die van een man ... tussen de 25 en 30 jaar oud, goed gebouwd en zo te zien zonder verwondingen of andere kenmerken. Hij is perfect bewaard gebleven, al is hij wel erg perkamentachtig en is de kleur mahoniebruin.'

Tot zover Mathey. Latere onderzoekingen brachten meer bijzonderheden. Er heeft wel degelijk een balseming plaatsgevonden, want dat bewijzen sporen van natron en pakjes met datzelfde zout die tussen de windsels en tegen het lichaam lagen. En omdat hij een prins was, moest hij worden bijgezet bij andere koninklijke mummies, zij het in duidelijke staat van ongenade. Heeft de prins inderdaad vergif moeten innemen? Het was wél de straf voor vorstelijke misdadigers die zich als moordenaars wilden gedragen. We zullen er waarschijnlijk wel nooit achter komen hoe de zaak werkelijk in elkaar heeft gezeten.

Het goud van Toetanchamon

De opmerking is al heel vaak herhaald: als een betrekkelijk arme farao als Toetanchamon zoveel goud meenam in zijn graf, hoe moeten dan de werkelijk grote koningen in hun reusachtige graven zijn bijgezet? En inderdaad, we kunnen er slechts naar gissen en er ons op zijn best een vage voorstelling van maken. De hoeveelheid goud uit Toetanchamons graf is verbijsterend. Niet alleen is er die bijna twee meter lange sarcofaag van 3 tot 3.5 mm dik puur goud, die op zich al een waarde van enige miljarden vertegenwoordigt, maar er zijn ook de vier reusachtige schrijnen die zijn stenen sarcofaag omvatten en die gemaakt waren van met goud beslagen hout. Er waren de met bladgoud beklede canopenkist, de op dezelfde wijze bewerkte rijtuigjes, de gouden troon, de gouden waaier en de gouden dolk in een gouden schede; een andere sarcofaag van hout, opgelegd met bladgoud; het massief gouden masker met de vermoedelijk goed gelijkende portretkop van de jonge koning. En dan is er de mummie en die was letterlijk belegd met goud.

Niet minder dan negenenvijftig gouden voorwerpen: gordels, armbanden, pectoralen, halskettingen, een voorschoot en ringen waren overal aangebracht. In totaal had Toetanchamon niet minder dan 143 amuletten tussen zijn windsels zitten. De sieraden hingen om zijn hals, zaten aan vingers en tenen en enkels, om zijn middel, en aan zijn voeten had hij een paar gouden sandalen. Iedere vinger en iedere teen was apart ingewikkeld en aan elk daarvan was een gouden dop in de vorm van een teen of vinger geschoven. Gouden diademen sloten, de een over de ander, om zijn voorhoofd en het linnen hoofdkapje dat nauw zijn schedel omsloot was geborduurd met gouden en blauwe kraaltjes.

Het was de gewoonte dat iedere mummie voor zijn bescherming een aantal amuletten meekreeg, meestal in groepen van zeven, omdat dit een magisch getal was, later in steeds grotere hoeveelheden. In de Natijd kon een mummie wel 104 voorwerpjes meekrijgen. Toch zijn er ook heel mooie mummies gevonden die geen enkel amulet bezaten. Men zou geneigd zijn de familie te betichten van gierigheid of alleen maar bezuinigen op wat altijd een dure aangelegenheid moet zijn geweest, maar dat gaat niet op. Eerder lag de schuld bij de balsemers, die de familie rustig beduvelden door geen enkel amulet mee te wikkelen, want wie zou het ooit in zijn hoofd halen om een mummie weer uit te wikkelen met het oog op controle? Op dat punt wisten ze meer manieren om de familie te bedriegen, en bewijzen van hun boze daden bestaan er genoeg. Soms bestond men het om een zo onmisbaar voorwerp als een dodenboek gewoon blanco te laten en alleen aan het einde van de rol de naam en titels van de dode te vermelden. De papyrus lag in de kist en wie zou die eruit durven nemen om eens na te gaan of de hele papyrus gevuld was met de broodnodige teksten, zonder welke de arme dode de grootste moeite zou hebben om het in het hiernamaals te klaren. De familie was er juist alles aan gelegen om het hele begravingsritueel zo perfect mogelijk te doen verlopen en soms ging men zelfs zover dat er in het graf kleine stenen gietvormpjes werden meegegeven, opdat in het hiernamaals nog eventueel ontbrekende amuletten gegoten konden worden!

Die grote zorg voor de mummie blijkt overduidelijk uit die van Toetanchamon, en daarmee vervallen alle redenen die men wel aanvoert als oorzaak voor de talloze 'vervloekingen' die de jonge farao zou hebben uitgesproken, zonder meer. Toetanchamon zou schandalig slordig zijn gemummificeerd en, heel karig voorzien van wat men in het hiernamaals nodig heeft, in zijn kist zijn gelegd. Stelt men tegenover deze dwaze bewering de werkelijkheid van al dat goud en die uiterst zorgvuldig vervaardigde mummie, dan blijkt wel dat niets werd nagelaten om het hem in zijn tweede leven aangenaam te maken. Men mag toch wel aannemen dat de zestienduizend voorwerpen die in het graf werden gevonden, voldoende waren!

Dat dergelijke schatten een haast niet te weerstane uitdaging vormden voor grafrovers laat zich raden. Het gestolen goud werd meestal meteen ontdaan van de inleg-

sels van sierstenen, glas, email en glaspasta, en dan omgesmolten. De dief die Toetanchamons grafkamer binnendrong, had dan ook een heel stel ringen in een lapje
geborgen en zal zeker het plan hebben gehad om geregeld terug te komen naar deze
schatkamer, waarvan de inhoud genoeg was om verschillende dorpen gedurende
talloze jaren een zorgeloos leven te bezorgen. Waardoor Toetanchamons dief werd
tegengehouden weten we niet. Wel dat de priesters van de Vallei der Koningen de
inbraak ontdekten en het graf opnieuw verzegelden. Daarna bleef het ongestoord, tot
het in 1922 opnieuw geopend werd.

Kop van de massief gouden binnenste lijkkist van Toetanchamon *(1349-1341 v.Chr.).*
Egyptisch Museum, Cairo.

Farao's die veel later regeerden, zoals Psoesennes en Sjesjonk, namen ook het nodige
mee in hun graf. Beide koningen hadden een zilveren sarcofaag, de ene in mensvorm,
de andere gevormd als een Horusvalk. Ze hadden prachtig vaatwerk van zilver en
goud, halskettingen die zeer zwaar zijn.
Dat al die kostbare voorwerpen van de allerbeste kwaliteit waren spreekt haast vanzelf. Die van Toetanchamon munten veelal niet uit door bijzonder goede smaak.
Vooral de sieraden zijn vaak opzichtig en te groot en massief als men die vergelijkt
met de schitterende siervoorwerpen die van veel vroegere dynastieën werden gevon-

119

Gouden mummiemasker van Toetanchamon *(1349-1341 v. Chr.).* *Dit masker is ingelegd met blauw glas en was over de mummie geschoven. Om de hals zaten snoeren faïence-kralen en er lag een wade overheen.*

Gouden mummiemasker van Toetanchamon. *De achterkant; deze laat de ook daar schitterende bewerking zien.*

den. Ook de siervoorwerpen – bij voorbeeld de lampen – doen vaak wat kitscherig aan, te druk versierd, te slap van vorm. Prachtig en eenvoudig daarentegen zijn de meubels: stoelen, krukjes, kistjes en dozen. Maar alles bij elkaar geeft dat kleine deel van alle grafbijgiften dat in het museum van Cairo staat uitgestald en dat met de reizende tentoonstellingen over de wereld trekt, een uitstekend idee van de rijkdom en de weelde die niet alleen in een koninklijk graf, maar in nog grotere mate in een koninklijk paleis te vinden moeten zijn geweest, zelfs in een tijd van recessie zoals aan het einde van de 18de dynastie op gang was gekomen.

Schilderingen in het graf van Toetanchamon. *Op de voorgrond de stenen sarcofaag
met de buitenste houten kist waarin de
mummie rust. Op de schildering de koning
naast de hemelgodin Noet (rechts) en zijn
'dubbelganger' met Osiris. De zwarte pun-
ten op de muur zijn schimmels. Vallei der
Koningin, Thebe-West.*

Masker van Toetanchamon. *Dit behoort bij
de buitenste sarcofaag en is gemaakt van
met goud overtrokken hout. Deze kist staat
nog in de stenen sarcofaag en de mummie
ligt erin. Vallei der Koningen.*

121

Het mummiegraan en de erwtjes van Toetanchamon

Als er één ding op het gebied van de 'mummiologie' een taai leven beschoren is, dan is dat wel het hardnekkige verhaal van graankorrels die na 33 eeuwen niet alleen ontkiemen, maar ook nog zaad zetten en nieuw graan opleveren. De basis voor dergelijke verhalen ligt voor de hand. In ieder koningsgraf, maar ook in graven van gewone mensen, werd voedsel voor het tweede leven meegegeven en dat voedsel had talrijke vormen. Nu kan men met gebraden runderbouten en ribstukken, geroosterde vogels en gebakken brood niet zoveel beginnen, maar met tarwe en gerst komt men bij interessanter zaken. Van het graan kon meel gemalen en brood gebakken worden zonder enige moeite. Een beetje muf allicht, want de korrels waren niet langer blank maar bruin, maar het idee was leuk.

Nu trof men in graven wel eens heel wonderlijke 'tuintjes' aan die waren gezaaid in een grote of kleine platte bak met een opstaand randje. Zo'n bak had de vorm van de god Osiris en was meestal van leem gemaakt. Men deed er een laagje zand of aarde in en daarin werd graan gezaaid. De bak werd op de normale wijze begoten en het werd altijd zo uitgerekend dat het graan ontkiemde rond de begrafenis. Na het afsluiten van het graf bleef de bak erin staan; in het donker groeiden de kiemplantjes nog een paar dagen door en stierven dan door gebrek aan licht. Bij het openen van het graf vond men dan een mummievormige bak waar allemaal bruine sliertjes uithingen. En hiermee kwam, na de verklaring in tijdschrift of krant, het sprookje van het 'mummiegraan' op.

Wat men niet begreep was waar het hier om ging, want van de symboliek had men weinig weet. Osiris is de dodengod, maar beleeft ook een wederopstanding uit de dood. Hij heerst in het hiernamaals, maar ook over het lot van de aarde. Bij de jaarlijkse overstroming is hij het water dat de akkers week en vruchtbaar maakt om het groene graan te doen ontkiemen. Als het graan rijp is en

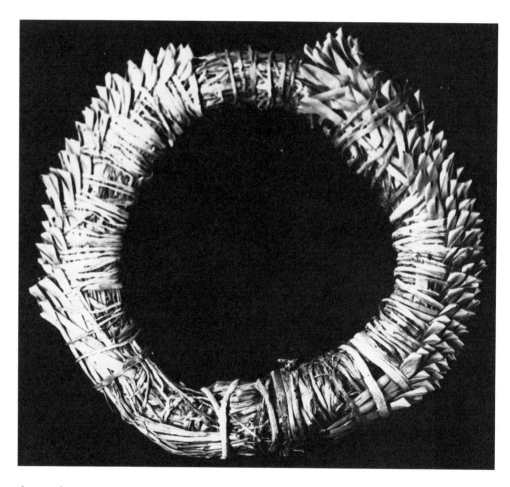

De krans der rechtvaardiging. *Kunstig gevlochten krans die op het hoofd van de mummie werd geplaatst. Louvre, Parijs.*

de gouden aren geoogst worden, sterft hij mét de planten en wordt pas weer herboren met de groene sprietjes.

De eerste die proefnemingen nam met faraonisch graan, was ene graaf Sternberg, die twee – naar beweerd werd originele – antieke graankorrels met de grootste zorg in potjes plantte. Ze kwamen tot zijn stomme verbazing nog op ook!

Om zeker te zijn zaaide hij er nog eens twee en hij had alweer succes. Het stond dus onweerlegbaar vast: de antieke Egyptenaren, die knappe mensen die zo oneindig veel meer konden dan waartoe wij ooit in staat zullen zijn, hadden een geheimzinnige manier uitgevonden om zaaigoed letterlijk eeuwig goed te houden, dat wil zeggen minstens veertig eeuwen. En wat was het jammer dat wij dat geheim niet meer kennen! Het nieuwtje reisde prompt de wereld rond

en niemand had – en dat was merkwaardig – enige kritiek of koesterde enig wantrouwen. En juist wantrouwen zou zo op zijn plaats zijn geweest, want wie garandeerde dat het hier om écht mummiegraan ging?

De werkelijkheid was dat dit graan wel afkomstig was uit een sarcofaag, maar dat het niet ouder was dan hooguit drie maanden. De sarcofaag stond namelijk bij de stallen van de khedive van Egypte en de stalknechts bewaarden er nu en dan graan voor de paarden in. Welke slimmerd kwam op het idee om dit graan heel duur te verkopen – uiteraard per korrel – als mummiegraan?

Een even fraai verhaal is dat van de erwtjes van Toetanchamon. Die doken in 1939 in Engeland op en een Nederlandse journalist van een landelijk dagblad nam er twee van mee naar ons land, maar durfde ze vanwege de magie en het bijgeloof nooit te planten. Als ze niet zijn weggegooid, moeten ze dus nog

aantal maanden met planten, maar deed het uiteindelijk toch maar. Tot zijn grote vreugde kwamen ze op, groeiden en groeiden, kregen mooie bloemen en tenslotte peulen vol capucijners. Het sprookje was werkelijkheid geworden en voortaan groeiden er op dat landgoed 'erwtjes van Toetanchamon'.

Nu zijn die enzymen uiterst teer en hun bestaanstijd kort. Dat bleek overduidelijk uit de proeven, die onder optimale omstandigheden werden genomen. En niet alleen met graan uit Egypte dat van 5 tot 2000 jaar oud was. Men had ook zaad van 5 eeuwen oud uit Peru en zaad uit de 18de eeuw uit Frankrijk.

ergens te vinden zijn. Het gaat om twee van die bekende donkere peulen waar capucijners in zitten.

De man die er in Engeland invloog was een brave en volgens de verhalen goud-eerlijke en zeer vrome tuinman van een groot landgoed. Zijn meesteres kreeg op een dag bezoek van Howard Carter, die haar een paar peulen cadeau deed en vertelde – wilde hij haar lichtgelovigheid toetsen? – dat dit nu erwtjes waren uit het graf van de door hem ontdekte farao. De dame gaf ze aan de tuinman en vergat het verder. Zo lichtgelovig was ze dus niet. De tuinman, die er hevig mee verguld was, aarzelde een

De 'dorre' wetenschap heeft al die leuke, maar nonsensicale verhalen natuurlijk achterhaald. Het ontkiemen van het zaad van welke plant ook is onmogelijk na zoveel eeuwen. De limiet is honderd jaar en geldt – het is allemaal zuiver wetenschappelijk getest – voor het sperrcieboontje. Het geheim van het niet ontkiemen schuilt in de samenstelling van een zaad, dat bestaat uit het embryo, dat later de plant moet worden, en het kiemwit, dat de scheut moet doen groeien.

Tijdens het ontkiemen breken enzymen het eiwit af tot bruikbare groeistoffen voor de kiem.

Grafmeubilair van de architect Cha. *Egyptisch Museum, Turijn.*

Alle proeven mislukten. Van 368 zaden die 15 jaar oud waren, kwamen er 17 op... Daaronder was dat spercieboontje, waarmee men verder bleef werken tot de grens bij 100 jaar gevonden werd. Niet zo erg lang geleden nam een Engelsman nog eens een aantal proeven, waarmee bleek dat het verhaal toch een taai leven beschoren is. Hij moest tot zijn verdriet constateren dat de zaden na een dag of vijftien ineenschrompelden en gingen schimmelen. Maar het verhaal leeft nog altijd voort.

De taaie vervloeking

Wie een boek over mummies schrijft kan niet heen om de door egyptologen en nuchtere mensen vervloekte 'vloek van de farao', die een langer leven beschoren lijkt dan men in onze tijd voor mogelijk zou houden. Boeken zijn er over volgeschreven en hoe griezeliger die waren, hoe meer succes ze hadden. Wie aan een mummie zit – en dan zeker aan een mummie van een farao – kan niets dan ellende verwachten en die ellende heeft men dan ook ijverig opgezocht. En allicht gevonden!

Een man die er tijdschriften mee volschreef was de nog altijd bekende en gelezen Edgar Wallace. Wist hij dan zoveel van egyptologie af? Wie zijn schrifturen doorneemt, die hij in de jaren dertig kwistig afleverde, weet het meteen al: Wallace verkondigde de grootste onzin, haalde de goden door elkaar, kende niet eens de geschiedenis van Egypte goed genoeg om geen enormiteiten te verkondigen. Maar gelezen wérd hij en hij werd nog geloofd ook. De man die het graf van Toetanchamon ontdekte, Howard Carter, geloofde er natuurlijk niet in, stierf op zeer rijpe leeftijd en streed zijn hele leven tegen de beruchte 'vloek van Toetanchamon'. Zonder succes, want zo'n vloek is een veel te dankbaar onderwerp om er niet in te geloven. En evenals Carter bereikten heel wat geleerden die bij de opening en het leeghalen van het beroemde graf aanwezig waren, leeftijden van tachtig jaar en ouder, en toen ze stierven, was dat aan normale kwalen waaraan ieder mens kan lijden.

Nu kunnen honderd egyptologen ernstig betogen dat al die zogenaamde vervloekingen onzin zijn, maar altijd is er dan wel weer iemand die 'oud-Egyptische wijsheid' bezit en absoluut zeker weet dat farao's het druk hadden met mensen nare dingen toe te wensen, zelfs al lezen ze zelf niet één hiëroglief en is hun kennis van het Egyptische godendom minimaal.

En wat zouden de media doen zonder vervloeking? Mummies en farao's zijn altijd goed voor enge verhalen, en als één krant of tijdschrift er een publiceert kan men er zeker van zijn dat de andere alras volgen met nog veel betere versies. Een prachtig modern voorbeeld hiervan was de dood van een Egyptische archeoloog die zich bezig hield met de inrichting van een van de talrijke Egyptische tentoonstellingen die de laatste tijd zo populair zijn. Ter ere van die gelegenheid gaven de Fransen in Cairo een receptie, waar ook deze Mohammed Ibrahim zich op de gebruikelijke met drankjes besproeide wijze amuseerde. Gevraagd of hij niet bang was voor occulte gevolgen vanwege de export van Egyptisch cultuurbezit – een vraag die iedere archeoloog geregeld wordt gesteld! –, vertelde hij lachend een 'droom' waarin een aantal farao's hem waarschuwden om de voorwerpen in het land te laten. Toen Ibrahim de receptie verliet, werd hij bij het oversteken van een drukke straat aangereden en twee dagen later overleed hij aan schedelbasisfractuur. Een beter voorbeeld van een faraonische vloek kon men zich moeilijk voorstellen en de pers maakte er dan ook druk gebruik van.

Wat is nu de oorsprong van al die enge verhalen? Wie zou het anders zijn dan Toetanchamon, wiens graf in 1922 werd gevonden. Toen Carters maecenas Lord Carnarvon overleed ten gevolge van de vloek zoals vrij algemeen werd gedacht, kon zelfs de publikatie der dorre feiten niets doen om dit verhaal – hét klassieke voorbeeld! – te ontzenuwen. Carnarvon had aan een auto-ongeluk, waarbij hij ternauwernood aan de dood ontsnapte en dusdanig verbrand was dat hij meerdere malen geopereerd moest worden, een zeer zwakke gezondheid overgehouden. Vooral had hij last van ernstige ademhalingsmoeilijkheden. Aan Egypte dacht hij in die tijd zelfs niet. Tot men hem aanraadde daarheen te gaan vanwege het klimaat, dat goed is voor longlijders. In Egypte werd hij, als miljoenen mensen na hem, gefascineerd door de grootse cultuur van het land. Maar zijn gezondheid bleef slecht. Een paar weken na de vondst van het graf – maar Carnarvon heeft de eerste opening niet zelf meegemaakt! – werd hij in de wang gestoken door een insekt (dat later uitgroeide tot de 'geelgroene wraakvlieg'), wat leidde tot ernstige ontsteking van de aderen in zijn hoofd. Daarbij kwam in dat penicillineloze tijdperk ook nog een zware pneumonie. Carnarvon raakte in een coma waaruit hij niet meer ontwaakte. Toen hij stierf was het elektrisch licht in Cairo uitgevallen en ziedaar, het verhaal was geboren – al weet iedereen die Cairo kent dat de elektriciteit er nu nóg geregeld kan uitvallen. Dat Carnarvons dochter, die ook bij de vondst aanwezig was, nog altijd leeft en nu achter in de tachtig is, werd niet geteld en uiteraard nooit verteld, evenmin dat de 'boosdoener' zelf, te weten Howard Carter, achter in de zestig werd en nooit last had van vervloekingen. En mét hem werden vele anderen van oud tot zeer oud, onder andere koningin Elisabeth van België, die ook het graf bezocht en veel voor de egyptologie

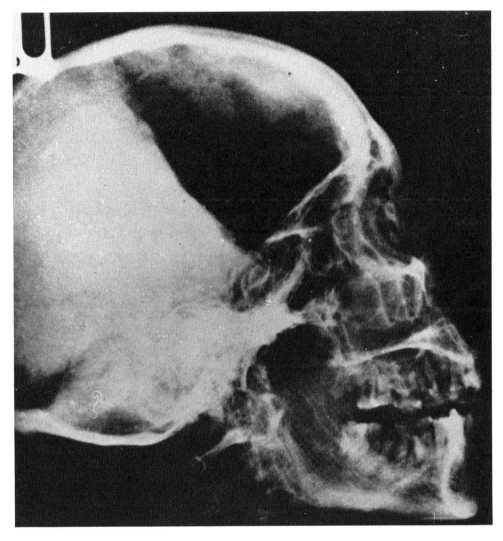

Röntgenfoto van de schedel van Merneptah *(1231-1222 v.Chr.). De foto laat duidelijk zien dat ook deze farao een slecht gebit bezat, zoals veel van zijn voorgangers en opvolgers.*

heeft gedaan, met name in België. Zij is ruim tachtig geworden.

Het graf was overigens nog niet geopend of de vloek was al gevonden. Men zou er een plaat aangetroffen hebben waarop stond: 'De dood zal op snelle vleugels komen tot hem die dit graf van de farao binnendringt'. En of Carter ook zijn hele leven verklaarde dat die plaat nimmer gevonden is, het mocht niets helpen. De vervloekingsplaat ging een eigen leven leiden en 'bestaat' nog altijd!

Inmiddels publiceerden 'wijze' figuren over de halve wereld de meest fantastische verhalen. Ene meneer Mardus wist vast te stellen dat 'de Egyptenaren reeds 7000 jaar lang het geheim bezitten om hun mummies te omgeven met dynamische krachten waarvan wij niet het minste begrip hebben, en zij wisten ook amuletten te vullen met een geheime vloeistof die dodelijk werkt'. Mardus wist kennelijk niet dat er 7000 jaar geleden nog helemaal geen mummies bestonden en dat er nog nooit een amulet is gevonden dat de rol van een met gif gevulde bonbon speelde.

Nu is Toetanchamon nog altijd vervloeker-nummer-één en indien dit waar is moet hij een bijzonder humeurige en gauw op de tenen getrapte tiener (van achttien jaar oud) zijn geweest. Andere farao's staan heel wat minder gauw klaar met vervloeken. Maar mummies, koninklijk of niet, zijn toch omgeven met een min of meer griezelig image, dus is het geen wonder dat ook zij getuigd hebben van beledigdheid. Vooral mummies van priesters zijn goed voor heel wat griezelverhalen. Zo is er de beschrijving van de mannen die een trap van vijfenzeventig treden afliepen om aan het einde ervan een begraafplaats van heilige ibissen te bezoeken. In de antichambre van de eigenlijke ruimte waarin de ibismummies zouden liggen, werd iedereen misselijk en men kreeg hoofdpijn. Kennelijk hing er daar beneden giftig gas. Na de gang geopend te hebben, zodat er verse lucht in kon komen, verliet men het graf om er drie dagen later terug te keren. De ruimte was nu fris en schoon en men kon rustig werken. Maar het verhaal was er al en hoe! Men kwam aan met de priester van Thot die een vervloeking had uitgesproken en dat niet alleen. De oude Egyptenaren kenden cyaankali en drenkten daarom de windsels der mummies in olie van bittere amandelen. In verbinding met lucht geeft het daaruit vrijkomende gas cyaankali en daar gáán de grafverstoorders!

De grote grafrovers van eeuwen her, de bewoners van het dorp Qoernah, die nog zouden afstammen van de oorspronkelijke arbeiders van de necropolis, wonen echter sinds jaar en dag ieder boven een eigen graf waar ze hun lemen huis overheen bouwden. 's Zomers is het nu lege graf aangenaam koel, 's winters vindt het vee daarin een prettige stal zonder tocht of koude. En geen van hen had last van faraonische vervloekingen of wraak van de talloze mummies die ze hebben bestolen en vernield en die ze nu nog tonen aan huiverende toeristen die bereid zijn te betalen voor het aanschouwen van dergelijke griezelige voorwerpen.

Ook over in musea aanwezige mummies doen gruwelverhalen de ronde, ofschoon het museum van Leiden er vrij van schijnt te zijn. Een mooi verhaal heeft betrekking op het British Museum. Daar kwam men in het bezit van een kist met een mummie die onvoorstelbaar onheil en bovenal vernielingen had aangericht in het huis van de adellijke dame waarin hij eerst was ondergebracht. De mummie was nog niet in het museum of er vielen links en rechts doden en zieken. De conservatoren (!) besloten toen de mummie naar Amerika te verkopen, waarna kist en mummie werden ingescheept op de *Titanic*. Prompt kwam er een ijsberg op drift die het schip deed zinken. Maar niet het deksel! De nieuwe eigenaar betaalde veel geld om dit in een reddingsboot te krijgen en zo kwam het deksel veilig in Amerika aan. Waar de moeilijkheden meteen weer zulke vormen aannamen, dat ook daar besloten werd zich van het deksel te ontdoen, dat toen werd doorverkocht naar Montreal in Canada. Met, dat spreekt vanzelf, heel nare gevolgen. Er zat maar één ding op: terugzenden naar Engeland. Dan konden ze daar de zaak opknappen. Het deksel werd op een schip geladen. Dat stoomde de St. Lawrence af, maar zonk onderweg met deksel en al. En hiermee kwam er een einde aan díe vervloeking. Maar . . . het verhaal is hiermee niet af, want wat gebeurde er in werkelijkheid? De kist werd nooit verkocht, verliet nimmer Engeland, spookte niet en vervloekte niet, maar stond rustig in een der zalen van het museum. Waar men deze nog altijd kan gaan bezichtigen. Het gaat om kist nummer 22542. Tot nu toe is niet één spook- of vervloekingsverhaal gevonden dat berust op erkende en vaststaande feiten. Nu beleven dergelijke verhalen altijd een opkomst om dan weer in te sluimeren tot de volgende 'vervloeking', die dan ook weer een taai leven gaat leiden. In 1934 was het zo verschrikkelijk dat een van de conservatoren – woedend, omdat twaalf jaar na de vondst van Toetanchamons graf nog steeds geen einde was gekomen aan het aantal 'slachtoffers' van de vervloeking – besloot eens te gaan tellen en die cijfers te publiceren. Dit verslag van het Metropolitan Museum van New York baarde geen opzien, omdat het helemaal niet leuk of spannend was. Want van de zesentwintig aanwezigen bij de opening van het graf – waarbij geen koningscobra tevoorschijn kwam zoals verteld werd, want hoe had dat arme dier het in dat graf 3000 jaar moeten uithouden? – waren er zes overleden. Van hen die aanwezig waren bij het openen van de sarcofaag, stierven er van de tweeëntwintig slechts twee. En van de mensen die aanwezig waren bij het 'gevaarlijkste' werk van alles: het uitwikkelen van de mummie, ging er tot 1934 niemand dood en hoe viel dat te verklaren?

Danseressen. *Reliëf uit het graf van Anchmahor, ook bekend als het 'graf van de arts'. 6de dynastie, ongeveer 2350 v.Chr. Deze ogenschijnlijk vrolijke dames dansen echter in een begrafenisoptocht, dus is het een dodendans.*

Rovers, rovers overal

We hebben gezien wat men allemaal deed om veilig en 'voor eeuwig' ongestoord in het graf te blijven liggen, meestal met weinig succes, want de rovers vonden altijd wel hun weg, ondanks diepe schachten, ondanks stenen valdeuren, gebeden en tover-spreuken op de wanden en sarcofagen, waaraan op het oog geen zinnig mens zich zou gaan wagen, omdat die totaal niet te vernielen leken. En tóch kwamen de rovers waar

ze komen wilden. Ze groeven zich lange gangen, waaraan jaren gewerkt moet zijn, door piramiden heen; ze sloegen sarcofagen van vele kubieke meters groot aan stuk-ken; ze vernielden de grote stenen kisten van de heilige Apis-stieren in het Serapeum bij Sakkara. Ze bouwden in Qoernah hun huizen boven op de graven der edelen en haalden die langzaam maar zeker leeg. Ze lieten dunne jongetjes aan een touw omlaag door een gat dat te klein was voor een man, en namen de naar boven gebrach-te schatten in ontvangst. En ze leefden er best van en waren tevreden met wat dit speciale soort goede aarde hen opleverde.

De grafroof heeft in Egypte altijd bestaan, vanaf de 1ste dynastie tot op de dag van vandaag. De verleiding was te groot, de beloning te aanlokkelijk en het risico redelijk

Bijenkorf van graven. *Heel Thebe-West is een soort bijenkorf van onderaardse gan-gen, trappen, kamers en zalen. Er zijn dui-zenden graven ontdekt en leeggeroofd en mogelijk zitten er nog honderden diep onder de puin- en zandhopen verborgen. De meeste graven stammen uit het Nieuwe Rijk, maar er zijn er ook enkele uit vroege-re perioden.*

Canope. Uit het graf waarin de mummie van Smenchkare werd gevonden, in de Vallei der Koningen; albast met ingelegde ogen. Museum van Cairo.

gering, hoewel de straffen voor grafplundering ten tijde van de farao's weinig zacht-zinnig waren.

Er is aan de grafroof – hoe laakbaar ook, als men uitgaat van het standpunt dat men een dode zijn rust moet laten – echter nog een andere kant. Wat nu te zien valt in vele musea hebben we voor een deel te danken aan het werk van die onbekende grafro-vers. Wat zij naar boven brachten heeft ons geholpen aan kennis van het antieke Egypte. Al hetgeen nu in de musea van Amerika en Europa rust is er zeker van op de best mogelijke wijze bewaard en behoed te blijven, terwijl de studie van al die voor-werpen nog voor ontelbare jaren werk voor egyptologen betekent. Bij wat er in Egyp-te zelf bestaat – de grootste collectie van allemaal! – is een zekere ongerustheid zeker op zijn plaats. Er gaat veel verloren en er wordt veel verwaarloosd. Wat geen wonder is gezien de hoge kosten die modern archeologisch beheer, onderzoek, conservatie en studie met zich meebrengen.

Het klinkt merkwaardig als men zegt dat grafroof de hele geschiedenis van de Egyp-

tische grafbouw heeft bepaald, maar toch is dit waar. Beginnend met een op het oog onaantastbare mastaba of piramide, ontwikkelt het graf zich in duizenden jaren tot een vrijwel anoniem gat in de grond, maar dan wel een gat met de afmetingen van een groot huis. En niets hielp. De rovers kwamen in de piramiden en haalden die leeg. Ze doken diep onder de grond in de mastaba's en haalden ook die leeg. Ze drongen door in de graven van de Koningsvallei en gingen zo grondig te werk dat er vaak niet veel meer overbleef dan wat puin en rommel in een hoek. Ze wikkelden mummies uit en braken die aan stukken. En ze stalen goud en zilver, kostbare houtsoorten en steensoorten, bier en wijn, cosmetica en dure oliesoorten, juwelen, amuletten en sieraden.

Het graf van Cheroëf. 18de dynastie, rege-ring van Amenhotep III (1405-1367 v.Chr.). Dit graf ligt in het Assasif en werd in de zes-tiger jaren uitgeruimd. Onder het puin kwam van alles tevoorschijn: links midden een grote houten hand van een sarcofaag, erboven een kleinere, textiel van mummie-bekleding, etc.

Dan zijn er natuurlijk de archeologen en hoe moeten we die bezien? Zijn dat grafrovers? *Ja*, in zoverre dat ze veel ontdekten, ongeschonden graven leeghaalden en er de musea van landen en particulieren mee vulden, wat meestal de redding van de voorwerpen betekende. *Nee*, indien we uitgaan van het standpunt dat het hier gaat om verantwoord wetenschappelijk onderzoek.

Het eerste bewezen geval van grafroof is minstens vierduizend jaar oud. In het graf van farao Djer van de 1ste dynastie vond Flinders Petrie een armskelet, waaraan nog vier armbanden prijkten. Die arm was weggestopt in een barst in de muur en wat kon daar nu de oorzaak van zijn? Van wie was die arm en wie was de rover? Voor de oplossing van de tweede vraag bestaan twee mogelijkheden: de dief had in de oudheid de arm van het vrouwenskelet aan wie deze toebehoorde, afgewrongen en werd daarbij gestoord, maar slaagde er nog net in om de arm gauw te verstoppen, zonder dat hij deze later kon terughalen. Of de dief was een van Petries eigen mensen die ook een graantje van de rijkdommen wilde meepikken, maar die de arm aan Petrie zelf kwijtraakte. En wie was de eigenares van de lugubere vondst? Het meest voor de hand liggend is dat het hier gaat om een van Djers koninginnen, die in zijn graf werd bijgezet, want dat was alleen aan zulke hooggeplaatste vrouwen voorbehouden.

Het volgende geval betrof het graf van koningin Hetep-heres, echtgenote van de stichter van de 4de dynastie, koning Snefroe, en moeder van farao Cheops, bouwer van de grote piramide. Te verwachten was dat Hetep-heres begraven zou zijn bij Dasjoer, waar ook haar man lag, wiens graf daar in 1925 werd gevonden. Maar dat van de koningin werd vreemd genoeg gevonden in Gizeh, op 64 km van Dasjoer en goed verborgen onder het plaveisel bij de drie kleine koninginnepiramiden bij Cheops' monument. Een schacht van 30 meter diep was geheel opgevuld met steenblokken en in de grafkamer trof men een onvoorstelbare bende aan, die 4000 jaar verborgen had gelegen. Alle hout van kisten en een draagstoel was totaal weggerot door het vocht, maar de inscripties op de gouden strips waarmee deze versierd waren geweest vertelden, dat men hier te doen had met eigendommen van koningin Hetep-heres. Ook al haar toiletgerei werd er gevonden, slordig bij elkaar gegooid in dozen vol steenscherven waarmee men de kleine voorwerpen bij elkaar had geschraapt. Kennelijk was alles met de grootste haast gedaan.

De enorme stenen sarcofaag van de koningin was zoveel te groot voor het graf, dat men deze in verticale stand door de schacht naar beneden had moeten laten zakken. Ook de canopenkist was aanwezig, maar . . . geen koningin! Waar was zij? Men zou er een detectiveverhaal van kunnen maken. Het meest voor de hand zou kunnen zijn dat ongeveer tien jaar na haar begrafenis, tijdens de regering van Cheops, het graf bij Dasjoer werd beroofd en dat toen de mummie werd verbrand, misschien uit angst voor goddelijke vergelding, misschien om de mummie onherkenbaar te maken.

Toen de bewakers van het graf en de politie van het grafterrein de ontdekking deden, moeten ze hevig geschrokken zijn. De farao mocht er niets van weten, want zijn wraak zou vreselijk zijn, óók op de nalatige bewakers. Ze hingen dus misschien een mooi, maar vaag verhaal op en wezen op hun eigen moed en initiatieven om de koningin een nieuw graf te bezorgen. De grote, maar lege sarcofaag ging in het nieuwe graf, en toen daar later vlakbij drie koninginnepiramiden werden gebouwd was ontdekking van de zaak praktisch uitgesloten. Totdat in de moderne tijd de zaak in de openbaarheid kwam . . .

Mummiekistfragment met Apis. Natijd. Vóór Apis staat een priester en achter hem een god.
Erboven Ba-vogels. Allard Pierson Museum, Amsterdam.

Een ei als mummie

Mummies van dieren zijn allesbehalve zeldzaam en er bestaan zelfs heel mooie van. Maar het museum van Grenoble komt de eer toe de vreemdste mummie van alle te bezitten, namelijk die van een ei! Het is keurig omwikkeld en dunne draadjes houden de windsels op hun plaats. Nu kan men zich voorstellen dat men ook in de eeuwigheid wil blijven genieten van een zeer geliefde antilope, een trouwe hond, een grappige baviaan.

Maar een ei... Jammer genoeg weten we niet van wat voor vogel dat ei afkomstig is. Vogels maakten deel uit van het bezit van iedere landheer en mummies van ganzen zijn dan ook bekend. Of er ook een mummietje bestaat van de vogel-die-iedere-dag-een-ei-legt (een kip) is onbekend. Werd dat ei gelegd door een dergelijke plichtsgetrouwe vogel? Of door een gans, een maraboe, een ibis?

De verering van dieren, die inherent was aan het oud-Egyptische geloof, heeft in de tijd van Grieken en Romeinen nogal lachlust gewekt, omdat die buitenlanders er niets van begrepen. En ook voor ons is de cultus van dieren, waarvan er een groot aantal werden vereerd, vaak moeilijk te begrijpen. Het kleinste vereerde dier was de heilige scarabee, de mestkever, maar wat moeten we denken van een duizendpoot, een paling, een schorpioen of een muis?

Lange tijd heeft men gemeend in de dierenverering van Egypte een uitloper te moeten zien van dieren die stamtotems waren en uiteindelijk de beschermgoden werden van die stam. Aangezien er geen enkele parallel bestaat tussen de andere landen van de wereld en Egypte zelf, kan men deze theorie gevoegelijk laten vallen. Trouwens, de aanbidding van een bepaald dier verkeerde nergens in een primair stadium en veranderde ook niet in latere jaren. In de Grieks-Romeinse tijd nam de dieraanbidding zelfs buitengewoon extravagante vormen aan.

Van de dieren werden er sommige alleen lokaal vereerd, maar andere wa-

Krokodillemummies. *Tempel van Kom Ombo, Boven-Egypte. De zorgvuldig ingewikkelde, meterslange mummies vormen een bron van prettig griezelen voor toeristen.*

ren heilig voor heel het land. Bijna iedere stad en ieder dorp had een eigen heilig dier, maar er waren bepaalde dieren die overal vereerd werden. Voorbeeld hiervan is de godin Hathor, die in de vorm van een koe wordt vereerd. Ze komt al voor op het beroemde Narmerpalet uit de 1ste dynastie, als een vrouwengezicht met de oren en horens van een koe. In de Natijd, zoveel duizenden jaren later, beschermt ze als koe farao Psammetichos I (663-609 v. Chr.).

Het meest waarschijnlijk is dat de continuïteit van het dier – dat nimmer verandert, dat altijd zijn eigen aard behoudt, dat niets schept, maar ook niets vernietigt, in ieder geval niet opzettelijk – op een relatie met de goden wees. Het dier is fundamenteel statisch en verandert niet, evenmin als de natuur verandert. Op dezelfde wijze vereerde men natuurverschijnselen: geboorte en dood, het water en de seizoenen, de oogst en de sterren, en ook hierin onderhield men een blijvende relatie met de goden.

Dat wilde dieren werden vereerd is niet verwonderlijk, omdat zij van nature ontzag wekten. Dat men hetzelfde deed

met kikkers, schapen, gieren of slangen is een tweede. Toch waren al die heilige dieren als zodanig volmaakt acceptabel voor de Egyptenaren. Een algemene regel is er echter niet, ook niet in de keuze van het dier. Men beschouwde een dier als niet-menselijk en dús bovenmenselijk vanwege dat statische. Echter was er wel altijd de tendens om het eigen dier, de eigen god dus, voorrang te geven boven alle andere, met uitzondering van die welke nationaal waren.

Zo wordt de god Horus voorgesteld als een mens met een valkekop. Horus kon zich openbaren in een bepaalde valk, maar hij kon tegelijkertijd het geslacht valk zijn. De god Thot wordt voorgesteld als een baviaan, een ibis of de maan, en waar is hier de samenhang? De god Ptah hing samen met de verering van de Apis-stier, maar die stier werd alleen vereerd in een heel bijzondere vorm en niet in alle stieren. Soms smelten dier en god samen: Horus *is* dan een valk en Chnoem *is* een ram. In het Nieuwe Rijk komt men ertoe Ra bij al die vormen te betrekken, en dan ontstaan Amon-Ra, Chnoem-ra, Ra-Harachte en anderen. Ook kunnen verschillende soorten valken samensmelten tot één valk, evenals alle rammen. De

ge bavianen van Thot. In Echnatons hoofdstad Achetaton had de heilige stier Mnevis een eigen plaats en een graf. Hij was echter geen manifestatie van de zonnegod, maar wel diens heraut. Op dezelfde wijze was in Memphis de Apis-stier de heraut van Ptah en daarom werd hij bediend en vereerd door Ptahpriesters.

poesje. Men waagde zich zelfs aan zulke moeilijke mummificaties als die van vijf meter lange krokodillen, behorend bij de god Sobek, die vooral in de Natijd in Kom Ombo en in de Fayoem werd vereerd. Ook de vaak zeer grote Apisstieren moeten lastig te mummificeren zijn geweest. Gemummificeerde ibissen zijn er in Egypte letterlijk bij miljoenen

tendens om de eigen god als hoogste of enige te beschouwen, leidt ertoe dat men andere goden gaat zien als verschijningsvormen van de eigen god.
Hoe verbazend diep de dierverering gaat, blijkt wel uit het speciale geloof van Echnaton. Hij stelt de Aton in als enige god, maar in zijn zogenaamde monotheïsme behoudt hij toch oude titels als Sterke Stier, geliefd door Aton! Er bestaat ook een reliëf waarop Echnaton in diepe aanbidding voor zijn eigen enige god Aton op zijn buik over de grond schuifelt, omgeven door de heili-

Dat men heilige dieren mummificeerde en in een keurig graf bijzette, spreekt vanzelf, maar het gebeurde ook met 'gewone' dieren. Het mummificeren van een hond, een poes, een baviaan was het uitvloeisel van de normale wens om dat geliefde dier ook in het hiernamaals bij zich te hebben. Dat er daarnaast talrijke andere dieren waren bij wie dat niet zo voor de hand ligt, doet hier niets aan af.
Een dood muisje werd in een bronzen sarcofaagje gelegd, evenals een hagedis, een paling of slang, een pasgeboren

Echnaton, de zon aanbiddend. *De koning ligt hier op zijn buik op de vloer met om zich heen een aantal ook in die tijd kennelijk nog vereerde heilige apen. Louvre, Parijs.*

gevonden. Ze werden in tempelvijvers gehouden en gevoed. Stierf zo'n ibis, dan werd hij een mummie en vrome mensen konden zo'n mummie kopen en laten bijzetten in de eindeloos lange gangen, zoals die bij Sakkara zijn gevonden. Ook poezen en apen hadden vaak een eigen begraafplaats.

Er bestaat een duidelijke regel over het al dan niet 'heilig' zijn van een dier. Werd het na de mummificatie bijgezet met officieel groots vertoon van riten, het openen van de mond, het meegeven van oesjebti's en het brengen van offers, dan ging het om een heilig dier. Werd een dier alleen maar gemummificeerd en bijgezet in een eigen grafje of in dat van zijn baas, dan ging het om een lievelingsdier, zoals de jachthond van farao Amenhotep II of de baviaan van de beroddelde prinses.

Van de officiële heilige dieren waren de Apis- en de Mnevis-stieren de opvallendste, en hun cultus bereikte vooral in de Natijd de meest ingewikkelde vormen.

De Apis is wel de bekendste van de twee. Hij moest zwart zijn met bepaalde tekens in wit op het lichaam. Zijn verering was oeroud en stamde reeds uit de 1ste dynastie. Maar niet minder dan negenendertig andere dieren bezaten eveneens een eigen cultus en hun eigen tempel in de stad waar ze vereerd werden. Zo vereerde men in Thebe de ram van Amon, in Boebastis de poes van de godin Bastet, in de Fayoem de krokodil. Maar de ram van Chnoem werd weer vereerd in de vorm van een valk, evenals Anoebis als een jakhals en Hathor als een koe. Hoe ontzaglijk oud een bepaalde dierverering kan zijn, werd bewezen met de vondst bij de racebaan van Cairo in Heliopolis van een aantal graven van gazellen uit de prehistorie. Ze waren evenals mensen gewikkeld in matten of doeken en met zorg begraven.

Dat een bepaalde dierverering ook kon degenereren, bleek uit die van de stier die gewijd was aan de oorlogsgod Mentoe. Deze stier had in Medamoed bij Karnak een tempel die van buiten één gebouw leek, maar van binnen in twee-en gedeeld was. In het echte tempelgedeelte huisde de priesterschap. De stier zelf had het andere deel met een tuintje erbij en daar kon het publiek hem aanbidden.

Hoe ver de verering van dieren in de Grieks-Romeinse tijd kon gaan, ervoer

een Romein die per ongeluk een poes doodde. Volgens Diodorus, die de hele zaak meemaakte, brak de razende bevolking zijn huis binnen en lynchte de ongelukkige man, ondanks de door de koning gestuurde magistraten, die net niet op tijd kwamen om dit te voorkomen. Maar er waren ook nog heel wat andere moeilijkheden. Want het ene dier, dat in een bepaalde stad heilig was, werd in een andere stad gewoon opgegeten en daartoe openlijk op de markt verkocht, wat leiden kon tot complete oorlogjes tussen twee steden onderling en op zijn minst tot grote haat en minachting tussen de verschillende bevolkingsgroepen. Wie straffeloos een gevaarlijke schorpioen doodtrapte in zijn eigen dorp, moest wel zeker weten dat men drie dorpen verderop niet de schorpioen vereerde als de godin Selket!

Met hoeveel dieren men rekening had te houden kan worden opgemaakt uit een uiteraard kort lijstje van de voornaamste onder hen. Apis, gevolgd door Mnevis en Boechis, waren als heilige stieren heel bijzondere dieren. Ze werden na hun dood een osiris, net als een mens, en genoten van alle officiële riten bij hun begrafenis. De scarabee, dat wonderlijke dier dat naar men aannam 'vanzelf ontstond' en dat zijn mestbolletje voor

zich uitrolde zoals de zon langs de hemel rolt, was al heel vroeg ontstaan als de kosmische oergod Atoem.

Chnoem met de ramskop 'woonde' bij Aswan, vergrootte de vruchtbaarheid en de levenbrengende krachten en schiep de mens op zijn pottenbakkerswiel.

Meretsger met de slangekop was de godin die de stilte liefhad; zij heerste over de Vallei der Koningen bij Thebe. Sechmet, de leeuwin, was vanzelfsprekend de godin van oorlog en ellende, hoewel ze later wat 'getemd' was en toen ook bestond als de zachte Bastet, de godin van de poezen. Sepa, de duizendpoot van Heliopolis, beschermde tegen gevaarlijke dieren en de gier Nechbet, die als een gouden kroon de hoofdtooi van koninginnen vormde, was tegelijk de beschermster van de witte kroon van Boven-Egypte. Het zwangere nijlpaard Taoeris beschermde zwangere vrouwen, waarna de geboorte plaats had onder auspiciën van de kikkergodin Heket. Horus was de hemelvalk en zijn ogen waren de maan en de zon. De naam van de grote sfinx bij Gizeh luidde: Horus in de horizon. En zelfs de haas Oenoet had een beschermende rol te vervullen, waartoe hij gereed zat met grote messen in zijn pootjes!

Reliëf met Apis-stier. De ceremonie van het openen van de mond. Het dier is gebalsemd en staat in zijn sarcofaag in het Serapeum bij Sakkara. De instrumenten voor de rite worden op een presenteerblad aangereikt: dissels (onderaan), haken, kleine potjes en een schenkel. Reliëf van Chaëmwaset, zoon van Ramses II. Louvre, Parijs.

Apis is dood, leve Apis!

In Egypte heeft de stier Apis een lange bestaansgeschiedenis vanaf het prille begin in de 1ste dynastie, toen hij al als goddelijk dier vereerd werd, tot aan het einde, dat ergens omstreeks 362 n. Chr. moet liggen. Nu steekt er niets bijzonders in de verering van een stier. Het is een machtig, sterk en imposant dier. Zijn we er zelfs in onze nuchtere tijd niet stiekem trots op als we als 'stier' geboren worden? Het mag dan ook geen wonder heten dat in primitieve gemeenschappen stieren vereerd worden en dat in onze tijd de nog altijd magisch geladen stierengevechten – de mens die zulke machten bestrijdt moet wel iets heel bijzonders zijn! – populair zijn.

We zijn zo gelukkig om heel wat af te weten van Apis. We hebben zijn mummies – een wat onsmakelijke massa botten in het museum van Cairo –, zijn graven, zijn sarcofagen, zijn mummietafels, waar hij werd gebalsemd alsof hij een mens was, en met minstens evenveel eerbetoon. In het Parijse Louvre kan men zijn oesjebti's bewonderen, want dit merkwaardige dier werd na zijn dood een osiris en beschikte evenals iedere mens over vlijtige werkertjes in het hiernamaals – met stierekopjes in dit geval –, al valt het moeilijk voor te stellen wat voor werk een heilige stier zou moeten verrichten. Het aantal afbeeldingen van Apis is groot en een tijd lang wordt hij afgebeeld op het voeteneinde van de cartonnage-sarcofaag, waarop hij hard wegrent met een mummie op zijn rug.

Reeds in het Oude Rijk leefde er een Apis in de stad Memphis en voor zover bekend is heeft er nimmer een hiaat bestaan in die eindeloze reeks stieren, die meestal niet veel ouder werden dan een jaar of twintig, al is er één geweest die achtentwintig is geworden. Als men wil berekenen hoeveel exemplaren er van Apis bestaan hebben, moeten we beginnen omstreeks 3200 v. Chr. en eindigen in 362, dat zijn dus rond 3560 jaren. Met twintig jaren per Apis komen we op een aantal van 178 stieren op zijn minst, maar het zullen er wel heel wat meer zijn geweest als we aannemen dat ze niet allemaal een rijpe oude dag bereikten. Het einde van het leven van Apis betekende voor het volk een tijd van officiële rouw tot er een nieuwe stier was gevonden, en dat moet niet eenvoudig zijn geweest, omdat er eisen gesteld werden. Nu zal iedere veehouder in Egypte er wel op gespitst zijn geweest, indien hij beschikte over een mooie jonge zwarte stier, of dat beestje getekend was met de witte vlekken die hem tot Apis maakten. Bovendien moest hij nog een staart hebben die evenveel witte als zwarte haren telde. De vlekken moesten er als volgt uitzien: een witte driehoek op het voorhoofd, een maansikkel in wit op de borst en een andere op zijn flank, die verwezen naar zijn samenhang met Osiris als de maangod. Alleen priesters konden uitmaken of de vereiste plekken de juiste vorm en plaats hadden, maar het zal er in zo'n tijd wel heel spannend hebben uitgezien in heel Egypte als overal priesters rondtrokken langs de boerderijen om de enige echte Apis uit te zoeken. Tenslotte hing er zoveel van zijn bestaan af, dat het aanstellen van een nieuwe Apis geweldig urgent was.

Om er op te wijzen dat hij ook in verbinding stond tot de zonnegod, zou de Apis tussen de horens een zonneschijf gaan dragen, gesierd met de heilige uraeus van de koning. Hij zou wonen in zijn eigen prachtige stal in Memphis en vereerd worden als een god, maar hoe was hij dan ook tot ontstaan gekomen? Plutarchus weet te vertellen dat er op de juiste tijd een manestraal op aarde moest afdalen tot die enig juiste tochtige koe, die in staat zou zijn het heilige dier te baren, waarna ook haar een bestaan van verering en een fraai graf aan het einde van haar leven wachtte. Een ouder verhaal vertelt dat Ptah in de vorm van een vlam uit de hemel neerschoot op de uitverkoren koe. Dat de hele conceptie en geboorte van Apis een groot mysterie was, bewijst een tekst op een stèle uit het Serapeum van Sakkara. Daarop heet Apis 'Gij die geen vader bezit'. Zo'n uitverkoren koe werd na haar dood – ze mocht haar hele leven bij haar zoon blijven – bijgezet op de begraafplaats der heilige koeien dicht bij het Serapeum.

Na de vondst van een nieuwe Apis was de vreugde in het land groot. Hij was tenslotte de incarnatie van Ptah op aarde en heel nauw betrokken bij Osiris, de dodengod. Dat was niet altijd zo geweest. Apis maakte vanaf zijn ontstaan een hele evolutie door. Hij begon zijn carrière als god van de vruchtbaarheid, maar raakte al gauw verbonden met Osiris, die de god was van het ontkiemende graan. Hieruit ontstond het beeld van de stier die zich rennend van dorp naar dorp begaf, met op zijn rug een zak met de stukken waarin Seth Osiris had gesneden. Apis moest tot de Saïtische tijd (663-525 v. Chr.) wachten eer die zak een gewone mummie werd. Hij bezat toen ook twee namen: als levende Apis heette hij Apis-Osiris, maar na zijn dood werd hij Osiris-Apis.

Apis vervulde ook al een rol in het leven van de farao. Deze had hem eer te bewijzen met bezoeken aan zijn tempel, maar op zijn beurt was Apis weer aanwezig bij het grote Heb-sed-feest, het regeringsjubileum van de koning, dat hij vierde als hij dertig jaar had geregeerd en daarna iedere volgende drie jaar.
De inwijdingsfeesten van een nieuwe Apis moeten iets geweldigs zijn geweest. Het uitverkoren dier werd door grote groepen priesters naar Memphis gebracht om daar de dag van volle maan af te wachten. Met de inwijding van Apis begon er ook een nieuw tijdperk. In de grote Ptah-tempel waren de ingewikkelde ceremonieën afgelopen en ook voor Apis begon weer het leven van alledag, al had dat vanzelfsprekend weinig 'rundachtigs'. Hij had natuurlijk een stal en een wei, genoeg te eten en ruimte voor ontspanning. Van tijd tot tijd mocht hij zijn woonstee verlaten om de hoofdrol te spelen bij bepaalde feesten, vooral die welke met de farao te maken hadden; hij liep mee in optochten en was dan van kop tot staart versierd. Een van de belangrijkste feesten was Apis' kennismaking met de voor Egypte zo belangrijke god Hapi, die

Albasten 'tafel' voor de mummificatie van Apis-stieren, *nabij de tempel van Ptah in Memphis.*

137

alles te maken had met overstromingen. Apis werd dan ingescheept op een prachtige boot en voer de Nijl af naar het nu in een wijk van Cairo gelegen eiland Roda, waar Hapi zijn tempel had. Apis mocht pas terug naar zijn eigen bekende stal als de maan weer begon te wassen, en in de tussentijd was het het volk vergund om door de vensters van de tempel het heilige dier te zien.

Het leven van Apis was tot de dag van zijn dood gevuld met vele plichten, waarmee hij betaalde voor zijn heilig en zeer comfortabel leven. Als die dag aanbrak – meestal door natuurlijke oorzaken, al wordt er wel beweerd dat Apis op zijn achtentwintigste jaar verdronken moest worden, omdat ook Osiris die leeftijd had bereikt – nam heel het land officieel de rouw aan. Dit bracht iets heel vervelends met zich mee: tijdens die rouw had iedereen vegetarisch te leven en vlees was zwaar verboden voedsel.

Wat er met de dode Apis gebeurde, was onderhevig aan veranderingen. Tot de 19de dynastie schijnt het de gewoonte te zijn geweest dat hij werd opgegeten. Bewijs hiervoor is de vondst van in zware houten sarcofagen bijgezette stieren, die uit niet veel meer dan een onwelriekende massa stukjes bot en hars bestonden. Kleine oesjebti's met een stierekopje waren er bijgevoegd, evenals sieraden en amuletten. De stieren uit de oudste tijd hadden ook canopevazen, wat er op wees dat ze evenals een mens waren ontdaan van hun ingewanden, maar de sarcofaag had een merkwaardig model. De 'mummie' lag in een holte in de grond en de sarcofaag, die geen bodem had, was daar overheen gestulpt.

Bij een Apis uit die tijd deed Mariette een merkwaardige vondst. Onder een ingestort gewelf lag een door vallend puin beschadigde houten sarcofaag met de mummie van een man, die volgens de namen op twee amuletten een zoon was van Ramses II, de prins Chaemwas, die priester van Ptah was in Memphis. Het gezicht van de mummie was bedekt met een zwaar gouden masker, dat er – het is te zien in het Louvre – helemaal niet Egyptisch, maar eerder Myceens uitziet. Achttien oesjebti's van faïence droegen het opschrift: 'Osiris-Apis, grote god, Heer van de Eeuwigheid'. Ze hadden mensenhoofden, in tegenstelling tot een paar andere met stierekopjes.

De mummie van de prins is een mysterie, want deze is wel mensvormig, maar bestaat uit een massa zwartgeworden hars en andere stoffen, waarin kleine stukjes bot gemengd zijn. Is het de prins zelf of is het hem niet? Het Louvre neemt aan dat het hem wel is. Chaemwas was overigens een merkwaardige persoonlijkheid. Hij moet een van de eerste archeologen zijn geweest, die zich bezig heeft gehouden met restauratiewerkzaamheden rond de piramiden van Gizeh, waar zijn naam te vinden is op een aantal inscripties die daarvan getuigen!

Tijdens de 26ste dynastie (663-525 v. Chr.) komt er verandering in de balsemingswijze van de stieren. Apis wordt voortaan gemummificeerd als een mens. Er kwamen twee paviljoens waarin het proces plaats had, want dat was een niet geringe onderneming. In Memphis kan men nog de albasten balsemtafels bekijken, uit één blok steen gehouwen en met zijkanten die versierd zijn met een langgerekte leeuw, zodat de steen op een baar lijkt. Zo'n balsemtafel kon een lengte van vijf meter hebben, wat misschien overdadig lang lijkt, maar de houding van de dode stier maakte dit noodzakelijk: hij werd erop neergelegd met de voorpoten vooruit gestrekt en de achterpoten achteruit, zoals een hond op een warme dag op een stenen vloer kan liggen. Acht gevonden balsemtafels – er zijn ook opvallend kleine bij, voor een kalf? – wijzen er op dat het hier om een heel bedrijf ging. De staart van de dode stier werd onder zijn rechterdij geschoven en de kop lag omhooggeheven op een steun die onder de onderkaak was geschoven. De hele stier werd met leren riemen stevig in de gewenste positie vastgebonden.

Er bestaat een papyrus die vertelt hoe het hele rituele proces verliep. Voorleespriesters stonden voor de stier en verrichtten talloze handelingen waarvoor de teksten waren voorgeschreven. Hij moest de stier ook reinigen met wijwater en netjes afdrogen na afloop. In deze tijd werd de stier volgens de tweede methode, de behandeling met 'cederolie', gemummificeerd, vandaar dat er dan geen canopen meer nodig waren. En daarna werd hij overdekt met wat werkelijk een berg van natron moet zijn geweest, om goed uit te drogen. Daarna volgde het inwikkelen waarvoor honderden meters windsels nodig waren. Op de kop kwamen met goud bedekte gipsplaten en tussen de horens de verguld houten zonneschijf. Twee mooie kunstogen voltooiden het geheel.

Wat een dergelijke balseming van een zo groot dier moet hebben gekost is fenomenaal. Diodorus vermeldt de kosten voor een dode Apis die tijdens de regering van

Ptolemaios I werd bijgezet: ruim honderd talenten zilver, dat wil zeggen tweeduizend kilo van dat in die tijd heel dure metaal!

De optocht van de balsemplaats naar het Serapeum in Sakkara moet een even indrukwekkende aangelegenheid zijn geweest als die van een koning. De weg was omzoomd met sfinxen, met aan het einde ervan de lange trap die omlaagvoerde naar de brede en hoge gang waarop de uitgehakte nissen met de kolossale sarcofagen uitkwamen. De sarcofaag stond klaar met het deksel ernaast; dat moest later op de sarcofaag worden gelegd. Wie nu het Serapeum bezoekt kan zich moeilijk voorstellen hoe dit immens zware werk moet zijn uitgevoerd. Een sarcofaag – ze zijn allemaal door grafrovers beschadigd – bestond uit ongeveer twintig centimeter dik graniet en wie er in zou willen kijken heeft een laddertje nodig! Het graniet was afkomstig uit Boven-Egypte en was per schip aangevoerd over de Nijl.

Het Serapeum was een plaats van de grootste devotie en binnen de omwallingsmuur hadden vele andere goden een eigen kapel. Ook een zogenaamd sanatorium, waar zieken door dromen genezing kwamen zoeken voor hun kwalen, behoorde in de Grieks-Romeinse tijd tot de gebouwen.

Over de twee andere heilige stieren, Mnevis en Boechis, kunnen we kort zijn. Mnevis woonde in Heliopolis en was pikzwart, bezaaid met langgerekte kleine witte vlekken. Twee graven van deze stieren zijn gevonden. De stier Boechis leefde in de buurt van het huidige Erment, de stad die in de Griekse tijd Hermonthis heette. Er is heel weinig meer over van de heiligdommen uit die tijd, want Mohammed Ali, die meer vernielingen op zijn naam heeft staan, brak een door Cleopatra gestichte tempel tot de grond af en bouwde er de suikerfabriek van, die nu nog bestaat. Het Boecheum, waarin deze stieren werden bijgezet, werd gesticht door farao Necho (609-594 v. Chr.) en bleef in gebruik tot in de regering van keizer Diocletianus!

Deksel van canope. *Uit de nis van de tweede Apis-stier in het Serapeum van Sakkara. De canope bevatte de lever. Louvre, Parijs.*

Het Apis-avontuur van Mariette

De ontdekking van het Serapeum van Sakkara, die reusachtige onderaardse begraafplaats van de heilige stieren, zal voor altijd verbonden blijven met de naam van Mariette, die er dank zij zijn taaie doorzettingsvermogen en ondanks alle tegenwerking van de plaatselijke bevolking in slaagde om onder tonnen zand dit prachtige monument vandaan te halen. Dat had plaats in 1850 en Mariette was pas negenentwintig jaar oud. Hij had echter het geluk te leven in een tijd waarin op archeologisch gebied eigenlijk alles wel mogelijk was en nog alles te ontdekken viel zonder al teveel moeilijkheden van 'hogerhand'.

Mariette kwam naar Egypte om oude Koptische geschriften te zoeken, maar omdat hij genoeg andere interesses had ging hij ook wel eens de zijpaden bewandelen. Zo kwam hij op een keer in Sakkara, waar hij in de woestijn rondwandelde. In die tijd werd alles te voet gedaan, of op zijn best rijdend op ezels en paarden. Mariette zag ineens uit het zand een kop van een sfinx omhoog steken. Hij herinnerde zich – hij was een zeer belezen man met een ijzeren geheugen – dat er nogal wat verzamelaars waren die dergelijke sfinxen gekocht hadden. Die sfinxen kwamen uit Sakkara. En had Strabo ook niet iets geschreven over sfinxen, die hij had waargenomen bij het Serapeum? Die zaten toen voor minstens driekwart onder het zand.

Voor Mariette was denken en doen meestal één. Al zijn interesse voor Koptische schrifturen verdween en er bestonden voor hem nog slechts de sfinxen, die hem naar het Serapeum zouden voeren. Hij huurde een groepje arbeiders, begaf zich naar de sfinxenkop en gaf aan waar ze moesten graven. Nadat er een paar sfinxen van het zand bevrijd waren, bleek dat ze ongeveer zes meter van elkaar in een rij stonden en logisch gesproken moesten ze dus een weg omzomen die naar het Serapeum moest leiden.

Ze kregen hun sfinxen waarlijk niet cadeau! Soms was in de tijd tussen Stra-bo en Mariette het zand zo hoog opgestoven dat de sfinxen helemaal onder het zand lagen. Soms moest er zelfs niet minder dan twaalf meter zand worden verwijderd, zoiets dus als een flink duin. Maar het vermoeiende, vervelende en zo nu en dan door instortingen en zand-verschuivingen gevaarlijke werk leverde ten slotte honderdvierendertig sfinxen op! Ondertussen vonden ze en passant ook nog het schitterende beeld van de zittende schrijver dat nu een van de pronkjuwelen van het Louvre is.

Toen brak er een vervelend ogenblik aan. De weg met sfinxen leek gewoon domweg de woestijn in te lopen en wat moest men daar nu van denken? Zou het Serapeum ergens in die eindeloze woestijn gezocht moeten worden? Het leek weinig aannemelijk. Gelukkig vonden ze toen een sfinx die in ligging afweek van de andere: hij stond haaks op de richting die ze gevolgd hadden. En na enig verder graven bleek waarom: een nieuwe weg voerde naar een beeld waar Mariette maar erg weinig blij mee was, dat van Pindarus, en even verderop vond hij Plato, Homerus en nog acht andere Griekse filosofen en dichters. De sfinxen hadden hem naar een Grieks monument gevoerd! En daar hadden ze twee maanden voor gewerkt . . .

Maar Mariette gaf het niet op. Terug bij de sfinx die hem op het nieuwe pad had gevoerd, begon hij nu naar het oosten toe te graven en dat werd beloond. Twee grote sfinxen doken onder het zand op en daarna vond hij een aardig tempeltje dat daar ter ere van Apis was gebouwd door farao Nektanebo II. Nu kwam er echter een ernstig probleem: al het geld dat Mariette van de regering had gekregen om er Koptische manu-scripten mee te kopen was opgegaan aan het uit het zand halen van de sfinxen . . . Dat betekende verantwoor-ding afleggen van zijn daden en, wat nog pijnlijker was, nieuwe fondsen vragen voor het verdere werk.

Maar voorwaar, het lukte. Blijkbaar bezat de regering toch ook wel fantasie en lokte het Serapeum, dat nu vlakbij móest zijn, ook hen tot vermeerdering van de Franse glorie. Mariette kreeg zijn geld en begin 1851 was hij alweer druk bezig en werd hij op verheugende wijze beloond. Negentig meter bestrate weg werd blootgelegd en weer verschenen er talrijke Griekse beelden. Toen kwam hij op een nieuw idee. Lag de ingang tot het Serapeum misschien onder de met zware steenplaten bedekte weg? Om daar achter te komen zat er niets anders op dan steen voor steen te verwijderen om te kijken wat er onder zat. Hij deed daarbij talrijke ontdekkingen. Een groot aantal bronzen beeldjes, waaronder nogal wat van Apis, kwam voor de dag, maar daarmee begon met-een voor Mariette een doffe ellende.

De kunsthandelaren van Cairo zagen door die opgravingen heel wat bronzen kostbaarheden hun neus voorbij gaan ten gunste van de musea, zonder dat zij er op de gebruikelijke manier van kon-den profiteren. Er zat voor hen maar één ding op: Mariette het leven en zijn werk zo zuur mogelijk te maken, en dat was niet moeilijk. Mariette had name-lijk het werk nog steeds niet officieel bij de regering aangegeven en werkte dus 'clandestien'. Hij gaf echter niet op, overwon de ene moeilijkheid na de andere, de ene chantage na de andere, en eindelijk was het zo ver dat hij op 12 november 1851 voor de poort van het Serapeum stond.

Daarachter lag het gezochte geheim: de enorme gangen die daar gegraven wa-ren in de tijd der Saïeten, Perzen en Pto-lemeeën.

De opzet van het Serapeum is simpel. Er is een heel lange, brede gang waar men aan weerszijden naarmate het no-dig was nissen deed uithakken om een nieuwe sarcofaag met een Apis bij te zetten. Mariette vond achtentwintig van die nissen, die eigenlijk reusachtige kamers zijn, en in vierentwintig stond nog een sarcofaag. Maar in geen enkele ervan lag een Apis. Rovers waren Ma-riette lang voor zijn tijd voor geweest. Maar succes had hij toen hij in februari 1852 op nieuw onderzoek uitging. Er

Apis-sarcofaag in het Serapeum, Sakkara.
Hier werden de Apis-stieren bijgezet na de
bouw van de hoofdgang tijdens Nectanebo
II (omstreeks 350 v. Chr.). Het Serapeum
werd reeds door de Grieken bezocht als toe-
ristisch centrum.

Serapeum te Sakkara. Hier werden de
mummies der Apis-stieren bijgezet. De graven zijn gebruikt vanaf Ramses II (1298-
1231 v. Chr.), van de 19de tot de 30ste
dynastie. De hoofdgang werd gebouwd door
farao Nectanebo II (omstreeks 350 v.
Chr.).

waren ook talloze zijgangen die heel wat kleiner en vooral heel wat ouder waren, en daarin vond hij inderdaad de restanten van alle Apissen die overleden waren in het tijdperk tussen het 30ste regeringsjaar van Ramses II en het 21ste jaar van Psammetichos I, een tijdsbestek van niet minder dan bijna zeven eeuwen! En hier was nooit één rover geweest.

Toen Mariette ten slotte nog een derde gang vond met de geïsoleerde Apis-graven uit de regeringen van Amenhotep II tot Ramses II, dat wil zeggen een tijdsbestek van twee eeuwen, was de zaak rond en de naam van Mariette gemaakt.

In een van de nog dichtgemetselde grafkamers deden ze de opvallendste vondst van de hele campagne: in het meelfijne stof stond daar de voetafdruk van de laatste man die zich in het graf had bevonden, zo'n drieduizend jaar geleden!

Mariette's succes betekende tevens moeilijkheden van de kant der bevolking. De sluikgravers genoten de bescherming van de plaatselijke burgemeester van Sakkara, die altijd gedeeld had in de winst. Hij besloot een einde te maken aan Mariette's werk. Een aanval van met geweren gewapende bedoeïenen op de Franse opgraver werd door deze in zijn eentje opgevangen. En gewonnen! Mariette wist te paard gezeten en met zijn ene moderne karabijn de hele horde van zich af te houden en tenslotte te verdrijven. In de negentiende eeuw was de egyptologie nog het Grote Avontuur waarbij voor iedereen, zij het soms met levensgevaar, de beste kansen konden zijn weggelegd. Mariette gréép zijn kans.

Oesjebti van een stier. *De heilige Apis-stieren genoten dezelfde rechten wat rituelen en grafdiensten betrof als een mens. Ze kregen ook oesjebti's mee, in dit geval met de kop van een stier. Louvre, Parijs.*

De belasting te voldoen in apen!

Al was de mantelbaviaan het heilige dier van de god Thot, hij was in Egypte niet inheems, maar werd als duur beest aangevoerd uit het verre Nubië, waar hij gevangen kon worden, ofschoon er ook wel heel wat afkomstig zullen zijn geweest uit nog zuidelijker landen. De schepen die door koningin Hatsjepsoet naar Poent waren uitgezonden, brachten grote bavianen mee, die in de mast klommen en naar het zich laat aanzien – op reliëfs in de tempel van Deir el-Bahari – zich best vermaakten tijdens hun zeereis. De Nubiërs, die schatplichtig waren aan het Egyptische koninkrijk, hadden hun belastingen in apen te betalen, en dat zal misschien nog niet eens zo eenvoudig zijn geweest als er een tekort aan bavianen was.

Dat een zo heilig dier bijzonder verzorgd werd na zijn dood is normaal. Bavianen werden met de grootste zorg gemummificeerd en kregen dan een houten sarcofaag, die werd bijgezet op een speciaal apengrafveld. Zo'n aap kon overdekt zijn met gouden sieraden en amuletten zoals het prachtige exemplaar dat werd gevonden in Toenah el-Djebel, een immens grafveld waar talloze pelgrims naar de tempel van Thot in Hermopolis kwamen. Daarna trok men naar het apenbos van dadelpalmen, waar de heilige dieren een aangenaam leventje leidden, terwijl de heilige ibissen, ook al aan Thot gewijd, er woonden bij een riante vijver. De pelgrims zullen deze tocht wel minder prettig hebben gevonden, want van de tempel tot het apenbos was het twaalf kilometer en die afstand moest te voet worden afgelegd! Rond het heiligdom stonden talloze winkeltjes waar vrome mensen ex-voto's konden kopen, en later zelfs moesten kopen, toen dit verplicht werd gesteld als zijnde een daad van vroomheid. Er is daar bij opgravingen nogal wat goud- en zilvergeld van Grieken en Romeinen gevonden. In die tijd was de tempel van Thot dus nog in vol bedrijf. Eén hogepriester van Thot moet een heel vroom man zijn geweest. Hij heette Anch-hor en liet zich midden tussen de gewijde dieren bijzetten. Zijn grafkamer was te bereiken via een lange gang. Aan weerskanten van deze gang lagen de grafkamers voor de dieren, 15 bij 15 meter groot en 6 meter hoog. In die grafkamers stonden op de vloer in rijen de sarcofagen van de bavianen; daar bovenop lagen duizenden aardewerkpotten, waarin gemummificeerde ibissen zaten.

Men heeft berekend dat er in Egypte circa zes miljoen ibis-mummies zijn gevonden, en hoeveel er nog onder de grond zitten weten we niet eens. De ibis was vroeger een groot, zwart met wit dier en bewoonde het hele koninkrijk. Nu komt hij nergens meer voor in Egypte – de witte vogels die de gidsen steevast 'ibis' noemen zijn kleine witte koereigers! –, maar nog wel in de Soedan, waar hij nu echter kleiner is dan vroeger. De ibis was net als de baviaan een dier van Thot en die verenigde heel wat functies in zijn persoon: god van de wijsheid, 'uitvinder van het schrift', meter van de tijd op zijn lange kerfstok, in één woord de god van het intellect. Van de ibis meende men dat hij met zijn lange regelmatige stappen de grond opmat; hij paste dus goed bij Thot.

Van alle gemummificeerde dieren zullen de ibissen wel het merendeel vormen. Hun grafveld bij Toenah el-Djebel is bij voorbeeld niet minder dan 15 hectare groot en in de oudheid beschouwde men dit terrein als 'een wonder'. Dat was het dan ook wel. Een muur van één meter hoog en 600 bij 200 meter lang omsloot het gebied met de toegangen tot de onderaardse gangen, drie in getal. De 'jongste' van deze drie galerijen, galerij A, bevatte alleen ibissen. Het is een ware onderaardse stad met zijwegen en grafkamers, waarin duizenden ibissen liggen opgeslagen. Galerij B werd onder de Ptolemeeën gegraven. Een reusachtige monumentale trap voert omlaag naar een waar labyrint van gangen, waarin echter maar weinig ibissen te vinden zijn, want de grafrovers wisten hun weg erheen te vinden en roofden wat ze tegenkwamen. Men

Mummie van een sperwer. *Allard Pierson Museum, Amsterdam.*

neemt aan dat een groot deel van deze gangen en kamers van te voren gemaakt werden.

Galerij C was de oudste. Daarin bevond zich een kapel zonder dak, dus open

Mummies van twee poezen en een hond. Zeer originele windsels en cartonnage-maskers. Louvre, Parijs.

Mummie van een baviaan.
Museum van Cairo.

naar de zon, die werd geschonken door de zoon van Alexander de Grote en Roxane voor de dodendiensten van de ibissen die in dit graf werden bijgezet. Niet ver van de kapel lag een gebouw dat het 'Bureau der Archieven' heette. Hier was in aardewerk potten de hele ingewikkelde administratie van dit heiligdom ondergebracht in de tijd toen de Perzen over Egypte heersten. Hier bevond zich toen ook het centrum van de briefwisseling tussen de joden van het eiland Elephantine en hun geloofsgenoten in Memphis. Hun brieven werden van hieruit naar noord en zuid verzonden.

Het balsemcentrum waar al die dode vogels tot mummies werden verwerkt, moet letterlijk dag en nacht gedraaid hebben, want het was maar een klein vertrek: twee bij drie meter. In het midden stond de balsemtafel en binnen handbereik stonden grote potten met natron, zout en terebintolie voor het verwijderen van de ingewanden. Wie van buiten de stad kwam en een dode ibis ter balseming meebracht, wist dat hij een heel wat minder edel dier aanvoerde dan de grote ibissen van de vijver. Die waren echt heilig; de ibissen van de pelgrims droegen een waas van heiligheid. Ze kwamen na het balsemen met meer tegelijk in één pot terecht. De ibissen van de vijver daarentegen hadden recht op een bijzonder kunstige inwikkeling en ze mochten ieder in een eigen pot, zo ze al niet een sarcofaag kregen, die meestal van hout was. In Abydos, waar een grafveld is gevonden van apen, honden en ibissen, zitten soms honderd ibissen samen in één pot, en die welke beschikken over een eigen pot zijn

ver in de minderheid. Er zijn ook een paar potten met ibiseieren gevonden. Er gingen 40 tot 200 eieren in een pot, keurig van elkaar gescheiden door linnen lapjes tegen breuk.

Een heel bijzonder mens, die veel met ibissen te maken had, was de wijze Imhotep, bouwer van de trappenpirami-

Mummie van een scarabee. *Thebe-West. Allard Pierson Museum in Amsterdam.*

de van farao Djoser. Deze merkwaardige man was priester en architect, arts en astroloog, magiër, wijze en natuurlijk schrijver. Zo groot was zijn naam dat hij reeds onder Amenhotep II optrad als beschermer van alle schrijvers, en in de Natijd werd hij zelfs vergoddelijkt. Een van Imhoteps vele titels luidde: 'Eerste chef van de ibissen'.

Naar Imhoteps graf wordt nog steeds gezocht. Hij móet dicht bij de trappenpiramide begraven zijn geweest, want er zijn daar veel bronzen beeldjes van hem gevonden. Ten noorden van Sakkara ligt bovendien een van de grootste ibisgrafvelden die ooit gevonden werden. De Engelse egyptoloog Emery groef er in 1965 miljoenen ibissen op en nog is men niet bij de grenzen van het grafveld gekomen.

Maar niet alleen ibissen werden gebalsemd. Tot nu toe heeft men achtendertig soorten vogels, van uilen tot zwaluwen, van sperwers tot ganzen, gevonden, die allemaal in aanmerking kwamen om gemummificeerd te worden. Vooral de valk, de vogel van Horus, Ra en de oorlogsgod Mentoe, was populair. Men besteedde veel moeite aan een valk. Hij werd zo gemummificeerd dat

hij er uitzag als een mensje van 45 tot 50 cm, bekroond met een mooie valkekop. De bijbehorende sarcofaag was van beschilderd hout of brons.

Van de zoogdieren zijn waarschijnlijk de mummies van de runderen het meest talrijk geweest. Vee was de rijkdom van de mens en als zodanig had men er hart voor. Heilige stieren waren één ding, maar melkgevende koeien was een tweede. Die mochten dan ook niet geslacht worden voor offers of voor de eettafel. Ze konden rustig oud worden. Minder aangenaam was het voor de ossen en gewone stieren. In de tempels was vlees, en dan vooral in grote stukken als bouten en lendestukken, een van de meest toegepaste offergaven. Nadat de goden ervan genoten hadden, konden de priesters en vaak ook het volk de rest opeten. In sommige streken mochten stieren echter niet gedood worden en daar konden die even oud worden als hun koeien. Hun mummies zagen er van buiten meestal heel fraai uit, maar van binnen was het een andere zaak. Op een groot grafveld werd een waarlijk reusachtige stieremummie gevonden, die iedereen met bewondering vervulde. Wat een beest moest dat geweest zijn! Hij was 2,50 meter lang en 1 meter breed, in het fijnste linnen gewikkeld en met een stel enorme horens op de kop, die met vergulde stucco was versierd. Maar toen de stier werd uitgepakt, volgde al gauw grote verbazing. Het was namelijk een nep-stier. De botten van niet minder dan zeven andere stieren en vier schedels, waarin praktisch geen kiezen meer zaten, waren gebruikt om een stiervormig pakket te maken. Er bleken al gauw andere nep-stieren te zijn. In een ervan zaten vijf andere stieren en een koe van een jaar of twee oud. Een paar onderdelen van wat eens een werkelijk grote stier moest zijn geweest was ook aan het pakket toegevoegd.

Waarmee had men hier te maken? Het meest waarschijnlijk is dat de eigenaren van overleden dieren niet het geld hadden om die één voor één te laten mummificeren en inwikkelen. De dode dieren werden provisorisch begraven buiten het dorp, waarbij men er voor zorgde dat de horens nog boven de grond uitstaken, zodat men ze later kon terugvinden. Had men het geld bij elkaar, dan groef men alles op en stuurde het per Nijlboot naar de balsemplaats bij Memphis. Uit de vieze rommel die de balsemers in ontvangst moesten nemen, zal men dan wel de beste stukken hebben uitgezocht om er een 'stier' van te maken. De mooiste schedels met grote horens werden opzij gelegd voor het versieren van de kop.

Deze gemummificeerde runderen waren bij hun vondst een goudmijn voor de mensen uit de buurt. Met tienduizenden tegelijk zond men de grote mummies naar Engeland, waar men er mest van maakte... Datzelfde lot deelden de miljoenen poeze- en hondemummies, die eveneens overal gevonden werden. De mooiste waren er dan al uitgehaald en vele ervan pronken nu in de musea, voorbeelden van hoe groot een rol deze ook ons zo bekende huisdieren in het Egypte der farao's hebben gespeeld. Vooral de poes was er enorm populair. Dat hadden ze dan rechtstreeks aan de goden te danken. Volgens de mythologie was er een tijd op aarde dat de mensen zich dusdanig schandalig gedroegen, dat ze zelfs in opstand kwamen tegen de grote god Ra. Daar moest een einde aan komen, wilde niet alles voor mensen en goden verkeerd aflopen, en daarom zond Ptah de bloeddorstige Sechmet naar de aarde. Sechmet met haar leeuwinnekop was een uitermate gevaarlijke godin. Ze heerste over de oorlog en de vele gesels die de mensen plagen: de pest en alle andere nare ziekten. Zelfs haar eigen priesters hadden altijd de grootste moeite om haar tevreden en rustig te houden. Het optreden tegen de opstandige mensen was echt een kolfje naar haar hand en ze deed dan ook graag wat haar echtgenoot Ptah haar beval. Het mensenbloed stroomde dag in, dag uit.

Toen Ra haar verwelkomde had ze duidelijk gezegd hoe ze over haar opdracht dacht: 'Ik ben machtig onder de mensen. Dit is mijn hart zeer aangenaam.' Maar Ra, die kennelijk een beetje benauwd werd vanwege haar bloeddorst, had al spijt van zijn opdracht. Hij zond boden naar Elephantine om daar toverkruiden te halen en liet die toen mengen met bier en wijn. Ze deden er ook bloed doorheen, om de drank de gewenste kleur te geven. Tegen de avond daalde Sechmet opnieuw naar de aarde af om haar werk te voltooien, maar eerst dronk ze van dat heerlijke 'bloed'.

Ze werd dronken, raakte verdoofd door de kruiden en vergat haar hele opdracht. De mensheid was gered en schijnt daarna weer braaf geworden te zijn.

Men had weinig last meer van Sechmet en in haar plaats trad nu Bastet op – haar andere persoonlijkheid – die met haar vriendelijke poezekop heel wat meer vertrouwen wekte. Onder Osorkon I (929-893 v. Chr.) en Osorkon II (870-847 v. Chr.) floreerde haar cultus als nooit tevoren en in de aan haar gewijde stad Boebastis werden haar tempels vergroot en verfraaid. Ze was toen een van de voornaamste godinnen. Talloze priesters verzorgden in het heiligdom de gewijde poezen, die woonden op een eiland in een groot meer. In de tweede overstromingsmaand hadden er grootse feesten plaats. In bootjes staken de mensen uit steden en dorpen in de buurt het meer over, maakten muziek, schreeuwden en juichten en dronken massa's van het bier en de wijn, die normaal voor hen grote luxe was. Om Bastet eer te bewijzen bracht wie het betalen kon ex-voto's mee in de vorm van poezebeeldjes van brons, die nu nog behoren tot de mooiste beeldjes die uit Egypte bekend zijn.

Vlakbij Boebastis lag het grafveld van de poezen, waar door sluikgravers en archeologen tienduizenden bronzen beeldjes zijn opgegraven van Bastet en haar zoon Nefertoem, van wie Ptah de

Poezesarcofaag van witte kalksteen. *Oude Rijk. De kist was van de lievelingspoes van Thoetmoses, Koninklijke Zoon en Hoofd van de Handwerkers. De teksten zijn precies gelijk aan die voor een mens. Voor de poes staat een offer van drank (melk?) en gevogelte. Achter de poes met haar mooie halsband de poes als mummie. Museum van Cairo.*

vader was. Maar niet alleen de katten van Boebastis, iedere dode poes moest liefst daar begraven worden, in de buurt van de beschermgodin. Hun stoffelijke overschotjes werden bijgezet in grote kuilen met gemetselde wanden; die hadden een inhoud van twintig kubieke meter, dus men kon er heel wat in kwijt. Deze poezen waren niet gemummificeerd, maar gecremeerd en daarna keurig ingewikkeld. De verbrandingsovens lagen bij het grafveld.

Een boer uit de buurt van de stad Beni Hassan had het geluk een dergelijk grafveld te vinden, wat hem en zijn dorpsgenoten beslist geen windeieren legde. Niet minder dan 300 000 poezemummies werden naar Engeland verzonden om er mest van te maken... De mooie bronzen en houten sarcofaagjes waarin ze gevonden werden, waren een andere aangename bron van inkomsten.

Deze gang van zaken ligt dan wel heel ver van de oude tijd, toen de hele familie de rouw aannam en zijn wenkbrauwen afschoor als de huispoes doodging.

Ook de hond – men is het er nog altijd niet helemaal over eens of Anoebis als hond of als jakhals wordt afgebeeld – nam een bijzondere plaats in het leven in. Vanaf de prehistorie werd deze huisvriend met veel egards begraven, op zijn zij liggend in een ondiepe kuil en altijd in de buurt van mensengraven. In bepaalde delen van het land bewees men honden meer dan normale eer, zoals in Abydos en Thebe. In Thebe heeft men duizenden, keurig in linnen gewikkelde honden gevonden in een groot gemetseld graf. Een diepe put leidde naar gangen waarop de grafkamers uitkwamen. Daarin lagen de honden met tien lagen op elkaar tot een hoogte van anderhalve meter opgestapeld. Ze waren heel slecht gebalsemd, maar het inwikkelen was netjes gedaan.

Een krokodil lijkt een weinig aanlokkelijk dier om te vereren, maar toch kan men in Kom Ombo in Boven-Egypte nog altijd de prachtige tempel uit de Natijd bekijken, waarvan de ene helft aan Horus was gewijd en de andere helft aan Sobek, de krokodilgod. Men had er een grote vijver vol met die hatelijke dieren, die volgens de verhalen door de priesters werden gevoed met door krokodillen weinig gewaardeerd voedsel dat bestond uit brood, gekookt vlees, nu en dan een gebraden eend of iets dergelijks en een grote massa uit honing bereide mede. Om dit voer er bij de dieren in te krijgen spalkte één priester hen de bek open en een tweede goot de zaak achter in hun keel. Hoe de heilige krokodillen op dit oneigenlijke voedsel reageerden weten we niet, maar als we moeten afgaan op de in de tempel uitgestalde krokodilmummies, bekwam

het hen niet slecht. Er liggen ontzaglijk grote exemplaren tussen!

Het moet, in tegenstelling tot het mummificeren van meterslange krokodillen, een uiterst precieus werkje zijn geweest om mummietjes van scarabeeën te maken. Er bestaan er dan ook maar voor zover bekend drie op de hele wereld. Twee ervan bevinden zich in Engeland. De derde kan men bekijken in Amsterdam, in de vitrines van het Allard Pierson Museum! Deze Nederlandse scarabee bezat helaas geen sarcofaagje. De twee Engelse hadden een kistje van brons en een kistje van hout.

Hypocefaal. *Gemaakt van met kalk geïmpregneerd dun linnen; met magische teksten en voorstellingen uit de 3de eeuw v.Chr. Het is een late versie van het* Dodenboek, *het hoofdstuk met de titel: 'Spreuk voor het verwekken van warmte onder het hoofd van de dode'. Indien deze tekst wordt gereciteerd moet dit de dode de natuurlijke warmte van het hoofd teruggeven. Louvre, Parijs.*

147

Waar zijn de mummies gebleven?

Als er miljoenen mummies onder de Egyptische aarde zijn verdwenen, waarvan er zovelen werden opgegraven, waar zijn die dan gebleven? Daarbij moeten we rekening houden met de enorme aantallen die terechtkwamen in mummiemolens, vernield werden of verdwenen. Een groot aantal ligt veilig opgeborgen in de musea van Europa en de Verenigde Staten. In Afrika kan men er vinden in de verschillende musea van Egypte en natuurlijk in alle nog niet gevonden graven en in de schuilhoeken van de plaatselijke bevolking, die ze graag vertoont aan toeristen die eens lekker willen griezelen. Waartoe gelegenheid genoeg bestaat, want die mummies ziet men van jaar tot jaar afbrokkelen en kapot gaan.

De grootste collectie bezit het museum in Cairo, maar merkwaardig genoeg bleek in 1969 tijdens een Italiaanse enquète naar het aantal op de wereld aanwezige mummies Egypte niet eens te weten hoeveel mummies het museum bezit! Men zei vijfentwintig, maar dat is zeker onzin, want alleen aan vorstelijke mummies liggen er daar al tweeëndertig in de niet meer te bezoeken 'Mummy-room', plus Toetanchamon in zijn eigen graf in Thebe.

We hebben al gezien hoe schrikbarend veel mummies er verdwenen en nog altijd verdwijnen. Wat er veilig is opgeborgen bleek volgens de Italiaanse telling – helaas gaven heel wat landen géén antwoord – van 1969: driehonderdzeventien complete mummies. Daaronder zijn niet die van Parijs, dat een grote collectie bezit, en die van Nederland. Maar wie het interesseert, Leiden bezit er vierendertig en Amsterdam twee, waarvan er één het eigendom is van Leiden. Dat tweetal kan men bekijken in het Allard Pierson Museum op de Turfmarkt en een deel van de andere ligt erg mooi opgesteld in het Museum van Oudheden op het Rapenburg, samen met mummies van dieren.

Engeland blijkt honderdtwaalf gave mummies te bezitten, waarvan het Brits Museum het leeuwedeel heeft; Italië negenenzestig, Spanje één, Oostenrijk niet minder dan zestig, Frankrijk vier(!), Rusland twee, Ierland drie, Denemarken elf, Portugal vier, Joegoslavië drie, terwijl de Verenigde Staten er twintig zouden hebben, maar dat moeten er waarschijnlijk heel wat meer zijn, daar diverse grote musea niets lieten horen.

Wie per se een mummie wil bezitten, maar in Egypte niet aan zijn of haar trekken kan komen, kan altijd nog terecht op openbare veilingen, al wordt het dan wel een dure grap. In 1980 werd bij het befaamde veilinghuis Drouot in Parijs een mummiekop plus de bijbehorende voeten verkocht voor ... ƒ 9400! Maar er dient wel bij te worden verteld dat het hier een mummie betrof die 'Champollion indertijd uit Egypte meebracht', wat een meerwaarde gaf.

Het lot van de mummies is in de loop der tijden weinig benijdenswaardig geweest. Dat hebben we al uit en te na gezien in dit boek. Wie op dit gebied een slechte beurt maakten, waren de eerste christenen en hun opvolgers, de Kopten. In de 2de en 3de eeuw nam het christelijk geloof een grote vlucht in Egypte en overal ontstonden kloosters. Waren die rijk, dan bouwden ze zelf hun onderkomens in Hellenistische of Romeinse stijl, al naar mode was. Die gebouwen leken het meest op rijke moderne huizen uit die tijd. De arme kloosters, die veel talrijker waren, moesten maar zien waar ze onderdak vonden. Nu was dat niet zo moeilijk. Egypte stond vol met verlaten tempels en onder de grond lagen grote en kleine graven. Grotten waren ook gezocht en kleine kapellen waren nagenoeg ideaal. Een moeilijkheid vormden de mummies, die overal aanwezig waren en het leven weinig aangenaam maakten voor wie hun onderdak wenste te delen. Men haalde die er dus uit en gooide ze weg, of wierp ze in de diepe schachten die in overdaad aanwezig waren. Ze konden daar rustig vergaan, al werd de atmosfeer in de buurt er dan niet beter op.

Een klasse op zich vormden de kluizenaars die in hun eentje in grotten het leven onder het oog zagen. Ze waren de wereld ontvlucht en vonden een nieuw onderko-

148

men in talloze graven waar ze echter worstelden met moeilijkheden: de schilderingen en reliëfs op de wanden en soms de beelden die erin stonden. Die moesten eerst vernield worden of anderszins verwijderd. Eén zo'n heremiet moet dusdanig geworsteld hebben met zijn lage lusten, dat hij alle afbeeldingen van vrouwen en godinnen uit het door hem uitgekozen graf verwijderde!

Na de Kopten kwamen de echte schatgravers, de Arabieren. Hun sprookjes staan altijd bol van de rijkdommen, die slimme jongens (Ali Baba!) kunnen vinden als ze maar handig genoeg zijn. Op dit gebied bezaten ze dan ook zogenaamde 'boeken van

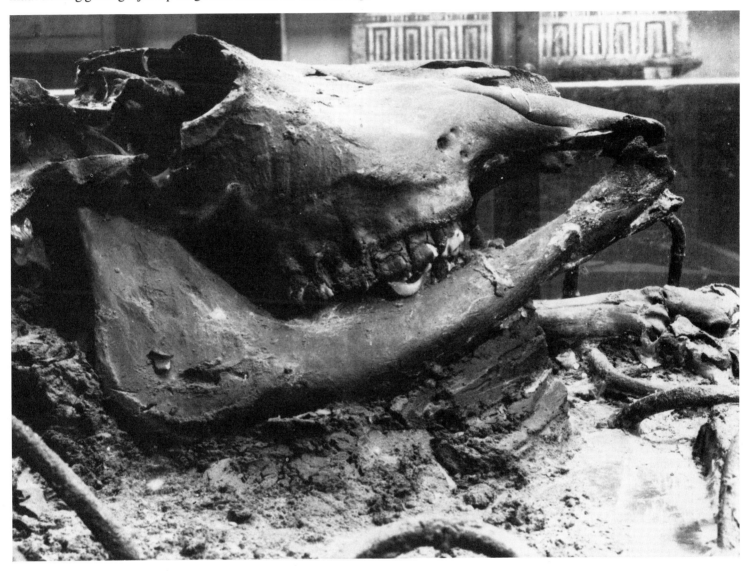

verborgen schatten', vol magische spreuken om zich van die schatten meester te maken. Bovendien stonden er ook formules in om de boze geesten te verdrijven die ongetwijfeld in menigten rond die schatten leefden. Een voorbeeld van een 'raadgeving' om iets bijzonders te vinden wordt vermeld door Masoedi: 'Bij de piramiden kan men beelden vinden met ogen van robijnen en turkooizen. Soms hebben ze gezichten van goud of zilver.' Klinkt hierin niet iets na van gouden mummiemaskers? . . .

In de 12de eeuw wist Abd el-Latif te vertellen over de prachtige broodwinning die grafroof kon zijn. Als groot voordeel vermeldde hij dat men daarmee zo goed zijn exorbitante belastingen kan betalen! Dat de schatzoekers nergens voor terugdeinsden en letterlijk overal schatten vermoedden is te lezen in een boek van een Europese reiziger, die in 1672 weet mee te delen dat de befaamde zuil van Pompeius uit Alexandrië, die hij acht jaar daarvoor in loodrechte stand had bewonderd, nu helemaal scheef stond, omdat men onder het voetstuk naar schatten had gezocht. De zuil staat inmiddels weer mooi rechtop.

Schedel van een Apis-stier, *uit het Serapeum van Sakkara. Deze oorspronkelijke gemummificeerde Apis ligt op de plank waarop hij werd opgebaard. De metalen ogen waaraan de plank werd gedragen zijn duidelijk te zien. Museum van Cairo.*

Mummie van een ichneumon. *De ichneumon is een soort mongoes die leeft van slangen en eieren. Op zijn mummiekistje staat een ichneumon afgebeeld. Allard Pierson Museum in Amsterdam.*

Mummiewade. *Romeinse periode, Thebe, 2de eeuw na Chr. De jongen met een Romeins kapsel draagt een twijg en een bloemkrans, symbolen van eeuwig leven en rechtvaardiging. Onderaan ziet men een stukje van het kralennet, daarboven de afbeelding van Ra-harachte met de valkekop, staande bij de zonneboot. De grote figuur rechts is Osiris; links is een hand met de sleutel van de onderwereld te zien. Het meest bijzondere aan deze voorstelling is de nimbus achter het hoofd. Rijksmuseum van Oudheden te Leiden.*

▷

De zielenverslindster. *Een monster dat de dode zal verslinden indien het dodengericht hem tot slecht mens verklaart. Op dit mummiekistfragment likt ze aan de offers op een offertafel waarop broden, ganzen, een lotusboeket liggen met wijnkruiken er onder. Privé collectie.*

150

Toen in de 16de en 17de eeuw Europa grote belangstelling voor mummies begon te krijgen met het oog op de dan in zwang komende rariteitenkabinetten van erudiete lieden, begon de grote uittocht van de mummies uit Egypte. Een klein aantal hiervan is nog in Europese musea te vinden, onder anderen het vijfjarige jongetje uit het museum te Leiden, dat altijd veel bezoekers trekt omdat hij ondanks zijn opengesneden buikje toch weinig griezeligs heeft. In de 19de eeuw kwam de romantiek op en daarmee een hevig sentimentele waardering van mummies. Een prachtig voorbeeld hiervan is de beschrijving van Gautier van de mummie van Tahoser, die in zijn roman werd ontdekt door twee Engelsen '. . . de jonge vrouw tekende zich af in al haar kuise naaktheid met schone vormen en een soepele gratie van haar zuivere lijnen. Haar houding . . . was die van de Venus van Medici, alsof de balsemers met dit charmante lichaam de trieste houding van de dood wilden wegnemen en de starre stijfheid van het kadaver (!) wilde vermijden. Een van haar handen versluierde haar maagdelijke boezem, de andere verborg haar mysterieuze schoonheden (*de schaamstreek!*) . . . Nimmer gaf een Grieks of Romeins beeld ooit zo'n elegante lijn weer . . . dit mooie lichaam, dat zo wonderbaarlijk behouden bleef, heeft een lichtheid en slankheid die antieke marmers niet hebben . . . de distinctie van die smalle voetjes, die eindigen in nageltjes die glanzen als agaat, die tengere leest, die vorm van de boezem, klein en teruggetrokken onder het goud dat haar omwikkelt, die tengere heupen, die ronde kuiten van de wat lange, maar delicaat gemodelleerde benen, dit alles doet denken aan de ranke gratie van musiciennes en danseressen . . .'

Wie in dít boek de mummies bekeken heeft zal wel begrijpen dat we hier op zijn minst met een wensdroom van de auteur te maken hebben. Tien jaar later begon men trouwens wat realistischer te denken. Bij de grote tentoonstelling van 1867 in Parijs ontwikkelde men in aanwezigheid van vele hoge genodigden één van de mummies uit de sarcofagen, die in ruimen getale aanwezig waren. Het was de vrouw Neschons en ze moet er volgens de beschrijvingen van de hierbij aanwezige Théophile Gautier vrij

Osiris op een baar. Graniet. Deze compositie uit de Natijd toont de god op een met leeuwekoppen versierde baar. Vijf valken omgeven Osiris waarvan er één bovenop hem zit. De god is afgebeeld als een mummie. Gevonden bij een Osiris-heiligdom bij Abydos. Egyptisch Museum, Cairo.

Mummie op zijn baar. *Hier Osiris in een viermaal herhaald reliëf in een lichtschacht in de Hathor-tempel van Dendera. De plaats is de dakschrijn van Osiris bovenop deze tempel. Een goed voorbeeld van mooi 'effectwerk' dat in de Natijd vaak bijzonder fraai en vooral schilderachtig is.*

Mummie op een papyrus van een dodenboek. *De eigenaar is schetsontwerper van de Amon-tempel. Thebe? Natijd. De schetsontwerper heeft een bijzonder mooie lijn van tekenen, hetgeen blijkt uit de kleine tekening van de mummie op een baar. Allard Pierson Museum, Amsterdam.*

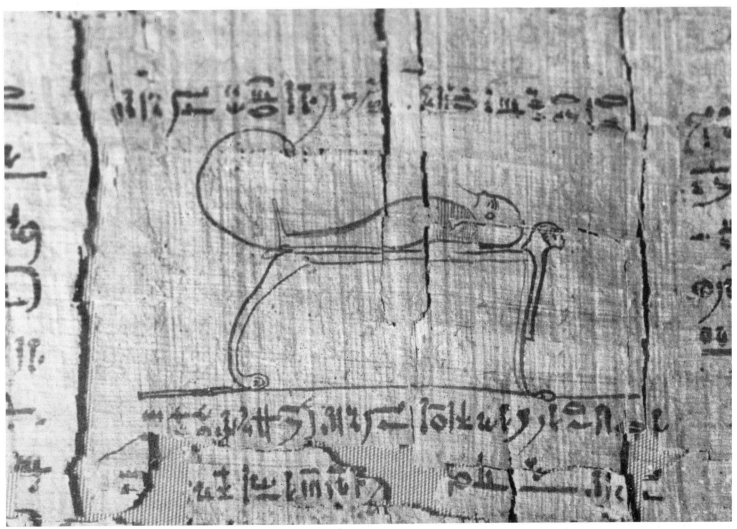

griezelig hebben uitgezien, want hij schrok er hevig van. 'De uitgemergelde armen van de benige handen met vergulde nagels bootsten met een griezelige kuisheid het gebaar van de Venus van Medici na.'

In de 19de en 20ste eeuw bleef de vraag naar mummies stijgen. Voor de grafrovers was het een heerlijke tijd, want de prijzen werden steeds hoger. Om aan mummies te komen ontstaken ze aan de ingang van de graven enorme vuren om beter te kunnen zien. De brandstof bestond uit mummies! De sarcofagen van hout maakten in die tijd grote opgang als kamerbetimmeringen, deuren, vensteromramingen, boekenkasten

en de rest. Een wat eigenaardige figuur, de Italiaanse baron Minutoli, wilde alleen eten als zijn fijne schotels waren bereid op vuren die werden gestookt met stukken sarcofaag!

Het Louvre heeft heel wat mummies aan de expedities van Napoleon te danken. Ze werden met sarcofaag en al naar het museum verzonden, maar onder invloed van het Parijse klimaat trad er al gauw bederf op. Men begroef toen de riekende mummies in de tuinen van het Louvre, hetgeen merkwaardige consequenties had. In 1830 sneuvelde een aantal Parijzenaars in de conflicten van de Drie Dagen, en ook deze doden werden in de tuinen van het Louvre begraven. In 1980 wenste men voor deze helden een monument op te richten. Dat werd een zuil op de Place de la Bastille. Men haalde uit de tuinen de lichamen niet alleen van de helden, maar ook van de (vergane) mummies omhoog en plaatste die onder de zuil. Zodat wie dit plein bewandelt nu weet dat Fransen en faraonische Egyptenaren hier broederlijk naast en door elkaar liggen.

Ook in Amerika zorgden mummies voor verbijsterende taferelen. Men had er niet

Zielenhuis. *Modellen van gewone huizen opdat de dode er op aarde in kan wonen. Hoofdstuk 152 van het* Dodenboek *heet: Hoofdstuk over het bouwen van een huis op aarde. Een tekst: 'dit gebeurt onder leiding van Anoebis en Osiris zal zorgen voor de offers in dit huis'. Vanaf de oudste tijden staan deze huisjes in het graf. In dit huis met twee verdiepingen (rechts) staat boven op de bovengalerij de stoel van de dode; beneden staat een ligbank. Een soort 'klimpaal' voert naar het dak waar ook een terras is.*
Het linkerhuis heeft een groot dakterras met een galerij erachter. In Egypte bouwt men nu nog precies ditzelfde soort huizen op het platteland. De modellen stammen uit omstreeks 2000 v.Chr. Museum van Cairo.
◁

Mummie op een baar. *De baar is versierd met een groteske leeuwekop. Er onder de hard bomende veerman, op weg naar de onderwereld met Anoebis op een papyrusbootje. Kistfragment. Privé collectie.*

zoveel bekendheid mee als in Europa gebruikelijk was, en men dacht vooral praktisch en in termen van geld. Een meneer met een fabriek voor bijzonder mooi, van vodden gemaakt papier kreeg een lumineus idee: hij kocht voor kleine bedragen mummiewindsels en papyri op en maakte daar papier van. Het resultaat viel niet mee want het was niet hagelwit, zoals hij had verwacht, maar bruin en daarop wenste niemand een brief of belangrijk document neer te schrijven. Zodat hij zijn handgeschept papier ten slotte met verlies verkocht als pakpapier. Toen er kort daarna een cholera-epidemie uitbrak door vlees van een slager die dit papier had gebruikt om er zijn waar in te verpakken, was de boot goed aan. De mummies verwekten cholera en dat was dat.

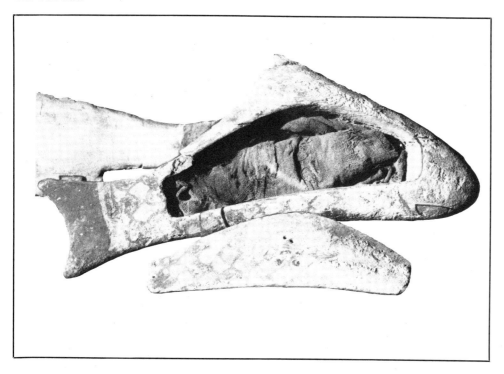

Mummie van een vis. *De mummie ligt in een visvormig sarcofaagje. Het deksel ligt ervoor. Rijksmuseum van Oudheden, Leiden.*

Geld verdienen met mummies was bijzonder populair en ook in Engeland wisten ze daar raad mee. Een zekere Pettigrew besloot in zijn eigen huis een mummie uit te wikkelen die hij tevoren had gekocht. Deze mummie stamde echter uit de tijd der Ptolemeeën, was in buitengewoon slechte staat en dus niet geschikt voor een publieke vertoning. Snel kocht Pettigrew op een veiling bij Sotheby een andere mummie voor £ 23 en deze werd in aanwezigheid van lords, vorsten, beroemde artsen, archeologen en andere geïnviteerden plechtig van de windsels ontdaan. Het bleek een groot succes en mummie-uitrollen werd een gezochte bezigheid, waar men veel geld voor betaalde als het gedaan werd door bekende chirurgen.
In Cairo was men intussen ook gaan uitwikkelen en hoeveel schade hierdoor aan de koningsmummies werd berokkend is moeilijk te zeggen. Het was ermee begonnen met een mummie waarvan men aannam dat het die was van koningin Nefertari, de gemalin van Ramses II, omdat die een onaangename geur begon te verspreiden. Daarna volgden de andere mummies haast automatisch, al liet men Amenhotep I intact, omdat die zo prachtig was ingewikkeld.
In 1914 verscheen er een waarschuwing van Maspero dat de koninklijke mummies ónder de insekten zaten en daardoor zwaar beschadigd raakten. Helaas kon men in 1914 nog niet zoveel doen om de insekten te bestrijden. Eerst het insluiten van de mummies in luchtdichte eikehouten kisten met een spiegelglazen deksel bleek een afdoende methode, die echter weer teniet werd gedaan door het slordig omgaan met de mummies tijdens het röntgenologisch onderzoek.
En zo blijft de lange martelgang der Egyptische mummies maar doorgaan. Vijfduizend jaar lang werden ze in hun eigen en onze tijd beroofd, beschadigd en van hun plaats gesleept. Nog altijd kan men mummies kopen, als men het geld ervoor over heeft, hetzij op veilingen, hetzij in Egypte zelf waar de nakomelingen der oude grafrovers nog steeds hun vak uitoefenen. Over nog eens tweeduizend jaar zal het wel net zo gaan . . .

De archeoloog Gayet *bij opgravingen in Midden-Egypte, naar een oude litho.*

Chronologie

De jaartallen zijn met name voor de oudste perioden bij benadering.
Van de meeste dynastieën zijn alleen de voornaamste koningen gegeven.

5000 - 3200 v. Chr.	*Prehistorie*
	Eerste nederzettingen in Boven- en Beneden-Egypte, o.a. in de Fajoem
3200 - 2750	*1ste en 2de dynastie*
	Menes-Narmer

OUDE RIJK

2750 - 2680	*3de dynastie*
	Djoser, Sechemchet
2680 - 2565	*4de dynastie*
	Snefroe, Cheops, Chefren, Mycerinus
2565 - 2420	*5de dynastie*
	Sahoere, Oenas
2420 - 2258	*6de dynastie*
	Teti, Pepi I, Pepi II

EERSTE TUSSENPERIODE

2258 - 2040	*7de - 11de dynastie*

MIDDENRIJK

2040 - 1991	*11de dynastie*
	Mentoehotep II en III
1991 - 1786	*12de dynastie*

	Amenemhet I	1991 - 1962
	Sesostris I	1971 - 1928
	Amenemhet II	1929 - 1895
	Sesostris II	1897 - 1878
	Sesostris III	1878 - 1842
	Amenemhet III	1842 - 1797
	Amenemhet IV	1798 - 1789
	Sobeknefroe	1789 - 1786

TWEEDE TUSSENPERIODE

1786 - 1680	*13de en 14de dynastie*
1680 - 1567	*15de en 16de dynastie*
	Hyksos-vorsten; Apofis
1650 - 1570	*17de dynastie*
	Sekenenre, Kamose

NIEUWE RIJK

1570 - 1314	*18de dynastie*

	Ahmose	1570 - 1545
	Amenhotep I	1545 - 1520
	Thoetmoses I	1520 - 1508
	Thoetmoses II	1508 - 1490
	Hatsjepsoet	1490 - 1468

158

	Thoetmoses III	1490 - 1436
	Amenhotep II	1436 - 1413
	Thoetmoses IV	1413 - 1405
	Amenhotep III	1405 - 1367
	Amenhotep IV	1367 - 1350 (Echnaton)
	Smenchkare	1352 - 1349
	Toetanchamon	1349 - 1341
	Eje	1341 - 1337
	Horemheb	1337 - 1314

1314 - 1200   *19de dynastie*

	Ramses I	1314 - 1312
	Sethi I	1312 - 1298
	Ramses II	1298 - 1231

Merneptah, Amenmesse,
Sethi II, Siptah, Taoesert

1200 - 1075   *20ste dynastie*

	Sethnacht	1200 - 1198
	Ramses III	1198 - 1166

Ramses IV - Ramses XI

DERDE TUSSENPERIODE

1075 - 935   *21ste dynastie*
Smendes, Psoesennes I, Pinodjem I

935 - 725   *22ste dynastie*
Sjesjonk I, Osorkon I

817 - 725   *23ste dynastie*
Pedoebast, Sjesjonk V

725 - 710   *24ste dynastie*
Tefnacht, Bocchoris

NATIJD

725 - 656   *25ste dynastie*
Pi (Pianchi), Sjabaka, Taharka

663 - 525   *26ste dynastie*

	Psammetichos I	663 - 609
	Necho II	609 - 594
	Psammetichos II	594 - 588
	Apriës	588 - 568
	Amasis	568 - 525
	Psammetichos III	525

525 - 404   *27ste dynastie*
Kambyses, Darius I, Xerxes I

404 - 378   *28ste en 29ste dynastie*

378 - 343   *30ste dynastie*
Nektanebo I en II

343 - 332   *31ste dynastie*
Artaxerxes III, Darius III

332 - 323   Alexander de Grote

323 - 30   *Ptolemeïsche periode*
Ptolemaios I - XVI, Cleopatra

Bibliografie

Aldred, C.   JUWELEN VAN DE FARAO'S. Fibula-Van Dishoeck, Bussum 1978

Bleeker, C. J.   HET OORD VAN DE STILTE. Servire, Katwijk 1979

Carter, H.   HET GRAF VAN TOETANCHAMON. Fibula-Van Dishoeck, 1972

David, R.   MYSTERIES OF THE MUMMY. Casell, Londen 1978

Desroches-Noblecourt, C.   RAMSES LE GRAND. Tentoonstellingscatalogus 1976
                                TOETANCHAMON. Becht, Amsterdam 1963

Edwards, I. E. S.   TOETANCHAMON. Unieboek 1978

Fagan, B. M.   THE RAPE OF THE NILE. Bookclub Associates 1975

Geru, M. A.   HET EGYPTISCHE DODENBOEK. Anch-Hermes, Deventer 1974

Ghaloungui, P.   THE HOUSE OF LIFE. B. M. Israël, Amsterdam 1973

Hamilton-Paterson, J.   MUMMIES. Penguin Books, Vermont 1978

Hornung, E.   AEGYPTISCHE UNTERWELTSBÜCHER. Artemis, Zürich 1974

Lauer, J-P.   SAQQARA. Thames & Hudson, Londen 1976

Leca, P-A.   LES MOMIES. Hachette 1976

Peet, T. E.   THE GREAT TOMB ROBBERIES OF THE 20TH DYNASTY. Oxford 1930

Sethe, K.   TOTENLITERATUR DER ALTEN AEGYPTER. Berlijn 1931

Steindorff, G.   DIE THEBANISCHE GRÄBERWELT.

Tadema Sporry, J.   DE GESCHIEDENIS VAN EGYPTE. Fibula-Van Dishoeck 1976
                                DE GESCHIEDENIS VAN THEBE. Fibula-Van Dishoeck 1967
                                DE PIRAMIDEN VAN EGYPTE. Fibula-Van Dishoeck 1971
                                HET WERELDRIJK DER FARAO'S. Fibula-Van Dishoeck 1979
                                DE VALLEI DER KONINGEN. Fibula-Van Dishoeck 1980

Vergote, J.   DE GODSDIENST DER EGYPTENAREN. 1971

Weeks, K.   FARAO DOORGELICHT. Fibula-Van Dishoeck, 1973

Zandee, J.   DE SCHATTEN VAN EGYPTE. Leiden 1967

                                KNAURS LEXIKON DER AEGYPTISCHEN KULTUR, Droemersche Verlag-
                                anstalt, München 1954